教育部人文社会科学研究青年基金项目"资源拼凑视角下新创企业外部关系质量对企业成长的影响机制研究"（19YJC630140）

战略性新兴产业政策决策中的政府与企业

史 俊 著

中国社会科学出版社

图书在版编目（CIP）数据

战略性新兴产业政策决策中的政府与企业 / 史俊著.
北京：中国社会科学出版社，2024. 6. -- ISBN 978-7
-5227-4176-5

Ⅰ．F279.244.4

中国国家版本馆 CIP 数据核字第 20247W3F80 号

出 版 人	赵剑英
责任编辑	车文娇
责任校对	周晓东
责任印制	郝美娜

出　　版	中国社会科学出版社
社　　址	北京鼓楼西大街甲 158 号
邮　　编	100720
网　　址	http://www.csspw.cn
发 行 部	010-84083685
门 市 部	010-84029450
经　　销	新华书店及其他书店
印　　刷	北京明恒达印务有限公司
装　　订	廊坊市广阳区广增装订厂
版　　次	2024 年 6 月第 1 版
印　　次	2024 年 6 月第 1 次印刷
开　　本	710×1000　1/16
印　　张	12.75
字　　数	189 千字
定　　价	78.00 元

凡购买中国社会科学出版社图书，如有质量问题请与本社营销中心联系调换
电话：010-84083683
版权所有　侵权必究

前　　言

在当前中国内外部环境深刻变化的背景下，战略性新兴产业的发展成为实现经济转型的重要支撑。习近平总书记（2022）在党的二十大报告中明确指出："推动战略性新兴产业融合集群发展，构建新一代信息技术、人工智能、生物技术、新能源、新材料、高端装备、绿色环保等一批新的增长引擎。"习近平总书记在考察调研时再次强调，"整合科技创新资源，引领发展战略性新兴产业和未来产业，加快形成新质生产力"（程宇，2023）。这一重要论述为我们发展战略性新兴产业提供了根本遵循，指明了前进方向。

习近平总书记强调，国家产业政策的制定和实施必须稳慎有序。他指出，制定产业政策、推动产业发展都要稳慎。这是对战略性新兴产业政策决策的科学性和稳定性的要求。

战略性新兴产业的发展离不开政府政策的推动。颁布政策是政府刺激战略性新兴产业发展的重要手段，国务院、各部委、省市级政府均相继出台了多项政策。通常来说，决策者在出台政策前需评估技术路线和商业可行性，而产业行动者需具备研发能力、市场洞察力、执行力和风险管理能力等，以确保政策有效实施。也就是说，政策决策者一方面需要掌握分散在产业行动者手中的决策信息，另一方面需要激励产业行动者启动技术研发及市场应用的探索。

由于战略性新兴产业存在技术、市场、组织等方面的不确定性，同时与传统产业政策决策过程中面对丰富的决策信息的情境相比，战略性新兴产业的发展并没有太多可以借鉴的经验。因此，在战略性新兴产业的政策决策过程中，政策决策者遇到的困难更多，所感知到的不确定性也会更高。因此，政策决策者往往在决策过程中主导或参与众多的互动,与各级政府、行业中的行动者共同推进政策的决策。虽然现有的研究探讨了政策决策过程,但仍有空白值得关注。首先,现有研究主要从公共管理与管理学两个学科领域展开,无法对战略性新兴产业的政策决策过程提供理论指导。其次,关于互动的研究也主要是站在企业的角度为企业谋求更多的竞争优势或讨论如何降低企业所面临的不确定性,而忽视了互动可以帮助决策者降低不确定性,增强政策执行的明确性和预见性。最后,战略性新兴产业中一个不可忽略的行动者是诸多新创企业。随着产业的发展,新创企业得到了快速成长,而这些研究也相对缺失。

本书的特色在于跳出现有研究产业政策的宏观框架,从微观处(政府与企业行为)着手,将政策工具、基于证据的政策决策、制度创业者、资源拼凑等思路引入对战略性新兴产业政策决策过程的研究,同时提供了大量的实证分析和调研数据作为重要支撑。本书共分为八章:第一章导论,旨在为本书的展开做基本介绍。通过充分阐述选题的背景、相关概念、研究内容和方法,本章为读者呈现了本书内容的整体架构,帮助读者更好地把握本书的核心要点,使他们能够更好地跟随研究的发展,并理解后续章节中的详细信息。第二章着重介绍了战略性新兴产业的发展史,旨在详述本书的研究背景。第三章为中国战略性新兴产业政策决策理论做铺垫。本章在分析中国战略性新兴产业发展的基本历史后,从宏观、中观、微观三个层面分析了各项理论对战略性新兴产业发展的启发作用。本章还详细阐述了政策决策理论、中国政策决策过程、政策工具以及企业政治行为等理论,为研究战略性新兴产业政策决策中的政府与企业奠定了理论基础。第四章分析了中国战略性新兴产业政策决策过程的特点,为第五章和第六章的研究提供了基础。第五章构建了基于证据的战略性新兴产业政策决策模型,讨论政策决策者如何通过与企业、科研机构的互动来实现决策证据的生产、传递和使用,从而提高战略性新兴产业政策决策质量。第六章从制度理论出发,探讨了在战略性新兴产业这一独特背景下,制度创业者的行为及其作用。第七章从资源拼凑视角出发,讨论了战略性新兴产业中新创企业如何通过资源拼凑实现企业的快速成长。第八章作为本书的结论部分，对各章节的主要研究成果进行了进一步的总结与整合，同时简要阐述了本书在理论层面上的贡献以及对实践活动的启示。

本书的主要创新点包括以下几个方面：

首先，本书在研究战略性新兴产业政策决策过程方面作出了重要贡献。本书深入探讨了决策过程的渐进性特征，特别关注了不确定性和缺乏可供借鉴的学习对象的挑战。为了应对这些挑战，政策决策者采用了一种分解政策决策过程的策略，将其分解为多个渐进式的子决策过程，并通过各级政府之间、政府与企业之间以及政府与科研机构之间的互动，逐步生成微观政策工具。这些微观政策工具不仅激发了产业行动者的积极性，还为政策决策提供了有力的证据支持。证据的生产者和使用者在这一过程中发挥着重要作用，通过提供和利用相关证据，有助于政策的精确制定和有效实施。这一理论贡献突出了战略性新兴产业政策决策的渐进性特点、微观政策工具的重要性以及证据在政策决策中的关键地位。

其次，本书揭示了在战略性新兴产业政策决策过程中，多方互动模式成为产业政策决策证据的载体。通过多方互动，各级政府、科研机构及企业将证据传递到政策决策机构。证据使用者一方面采用微观政策工具激发证据生产者继续充实证据池，另一方面整合、筛选已有证据，解决决策事项。通过多次循环，最终政策决策者在基于证据完成决策事项的基础上形成政策决策，从而提高政策决策质量。这一发现为政策决策者提供了更具针对性的指导，同时也强调了地方政府、科研机构及企业作为证据生产者在政策决策中的独特价值和作用。

再次，本书以制度创业者的理论视角，探讨了青年学术带头人和地方政府作为制度创业者的关键作用。这些制度创业者不仅为政策决策者提供关键信息和建议，还推动着战略性新兴产业决策的发展。本书分析了在战略性新兴产业这一新场域中，制度创业者，即青年学术带头人和地方政府的动机与策略。这一视角有效地扩展和丰富了制度创业者理论，为理解和推动制度变革提供了新的理论和实践指导。

最后，本书从资源拼凑的理论视角，构建了战略性新兴产业背景下新创企业快速成长的模型。这一模型强调新创企业在不同成长阶段对市场资源和政府资源的拼凑行为。现有资源拼凑更多的是强调市场资源拼凑对于新创企业成长的重要性，而忽视了在战略性新兴产业发展中，政府资源拼凑对新创企业成长的积极作用。这一视角有效拓展了现有资源拼凑的相关理论，为新创企业的成长路径提供了可落地的实践行动方向。

综上所述，本书在教育部人文社会科学研究青年基金项目"资源拼凑视角下新创企业外部关系质量对企业成长的影响机制研究"（19YJC630140）的资助下，在广泛的研究资料和实地调研的基础之上，对中国战略性新兴产业政策决策过程中的各大主体（政府、科研机构、在位企业、新创企业等）的行为进行了全面的研究，完成并拓展了课题申报时的既定目标。本书的主要创新点包括对渐进式政策制定理论、基于证据的政策决策理论、制度创业者理论以及资源拼凑理论的贡献。这些创新点强调政策决策者与各级政府、科研机构以及企业，包括在位企业和新创企业之间的协同作用。在政策决策过程中，这些主体不仅是执行者和合作伙伴，还是信息提供者和推动者。这样的协同作用有助于推出建立在可靠证据基础上的政策，促进新创企业的快速成长，正向激励在位企业扩展新业务，从而实现战略性新兴产业的成功发展和可持续增长。

目　录

第一章　导论 …………………………………………………… 1
 第一节　关于新兴产业 ………………………………………… 1
 第二节　关于政策决策过程 …………………………………… 2
 第三节　新兴产业中的政府与企业 …………………………… 3
 第四节　企业政治战略 ………………………………………… 4
 第五节　关键概念界定 ………………………………………… 6
 第六节　研究内容 ……………………………………………… 7
 第七节　研究方法 …………………………………………… 10

第二章　新兴产业概述 ……………………………………… 13
 第一节　新兴产业的历史演进 ……………………………… 13
 第二节　政府与企业在新兴产业中的角色 ………………… 17
 第三节　研究新兴产业的视角 ……………………………… 24
 第四节　各国政策与新兴产业的发展 ……………………… 32

第三章　中国战略性新兴产业政策决策理论铺垫 ………… 36
 第一节　中国战略性新兴产业发展概述 …………………… 36
 第二节　战略性新兴产业理论铺垫 ………………………… 43
 第三节　政策与决策理论铺垫 ……………………………… 52
 第四节　企业政治战略理论铺垫 …………………………… 57

第四章　战略性新兴产业政策决策过程特点
    ——以物联网产业为例 ……………………………… 59
 第一节　战略性新兴产业政策的定义与重要性 …………… 59

第二节　物联网行业概述 …………………………………… 63
第三节　产业政策决策过程概述 …………………………… 70
第四节　物联网产业政策决策过程特点 …………………… 72
第五节　本章小结 …………………………………………… 95

第五章　基于证据的战略性新兴产业高质量政策决策过程中的政府与企业
　　　　——以物联网产业为例 …………………………… 96

第一节　基于证据的政策决策理论 ………………………… 96
第二节　基于证据的物联网产业政策决策中的政府与企业 … 102
第三节　本章总结 …………………………………………… 114

第六章　战略性新兴产业政策决策中的制度创业者
　　　　——以物联网产业为例 …………………………… 120

第一节　理论基础 …………………………………………… 120
第二节　物联网产业政策决策过程中的制度创业者 ……… 132
第三节　本章总结 …………………………………………… 144

第七章　战略性新兴产业背景下基于资源拼凑视角的新创企业成长模型 …………………………………… 148

第一节　资源拼凑视角下的企业成长理论 ………………… 149
第二节　新创企业外部关系与企业成长
　　　　——市场资源拼凑与政府资源拼凑的中介作用 … 152
第三节　本章总结 …………………………………………… 174

第八章　研究结论与实践启示 ………………………………… 176

第一节　研究结论 …………………………………………… 176
第二节　实践启示 …………………………………………… 179

参考文献 ………………………………………………………… 182

第一章　导论

中国战略性新兴产业的发展可以被视为一个从制造业到高科技产业升级的过程，政府和企业在其中扮演了关键角色。政府通过政策引导和支持，推动了这些产业的快速发展，促进了国家经济结构的升级和技术创新的推动。企业在政府政策决策过程中提供了大量决策信息，为高质量产业政策的出台保驾护航。基于此，这些战略性新兴产业在国际舞台上逐渐崭露头角，对全球经济格局产生了重要影响。

第一节　关于新兴产业

新兴产业来自技术创新与市场机遇之间的碰撞（如新能源、新材料、生物技术产业等），具有高度的不确定性（Murtha and Lenway, 1994）。处在发展阶段的新兴产业，由于产业发展的要素条件的不足和变化性，加上产业本身机制与内涵的规律化、规范化、规则化程度比较低，其未来发展轨迹不易被确认（Forbes and Kirsch, 2011; Phaal, O'Sullivan, Routley, Ford and Probert, 2011）。尽管现有研究普遍认为新兴产业存在高度的不确定性，对产业发展构成挑战，但这并未削弱各国发展新兴产业的热情与决心。这是因为新兴产业对于国家和社会的重要性仍不言而喻，不仅仅在传统行业的地区通过刺激新兴产业恢复了商业环境（Arbuthnott, Eriksson and Wincent, 2010），还通过推动先进技术的蓬勃发展，为经济增长注入新动力，为就业市场带来勃勃生机（Russo, 2003）。

新兴产业是一个多阶段演化的复杂系统，其成长过程涉及多个不同的发展阶段（Phaal, O'Sullivan, Routley, Ford and Probert, 2011）。在传统生命周期模型中，人们经常依赖诸如市场份额、销售增长率以及利润率等具有明显变化点的数据来界定这些阶段。然而，在新兴产业的情境中，这些数据往往难以直接获取或并不适用（Tikkanen, 2008）。因此，学者开始探索新的方法，从不同的视角出发，力求更精确地划分和描述新兴产业的发展过程或其内部的子过程。其中，Bergek 和 Jacobsson（2003）定义了形成与增长两个生命阶段，这两个阶段可以扩展至成熟及衰退。Suarez（2004）定义了技术主导阶段的五个过程，即 R&D 构建、技术可行性、创造市场、决战和后发优势，并强调在每个阶段中行业的企业及环境因素的重要性。除此之外，学者还从社会网络以及演化的视角解释新兴产业的发展。例如，社会网络理论关注了基于关系与互动的网络在新兴产业兴起过程中的作用（Tödtling and Kaufmann, 1999）；演化视角则将行业演化看作一个动态过程，主张行业内部参与者之间持续互动与协作，推动技术与制度相互融合、共同进步（Ruttan, 2000）。一个有利的制度环境可以促进新兴产业的快速发展，从而推动经济增长和创新（Aldrich and Fiol, 1994）。

第二节　关于政策决策过程

政策决策过程一直都是公共管理领域研究的重点（马丽、李慧民、齐晔，2012）。根据政治学理论，政府政策决策过程包括如下步骤：辨别决策问题、收集相关信息、制定初步方案、决策和实施（郭巍青、涂峰，2009）。中国政府的政策决策过程展现出了鲜明的特点。在讨论阶段，政府鼓励不同参与者集思广益。在决策阶段，政府会采取民主集中制的方式，确保决策能够体现多数人的意愿。当政策经过决策确定下来，各级组织严格遵守纪律，以确保政策的顺利实施。这种决策过程既体现了民主参与的精神，又确保了决策的高效和统一。这种决策特点可能对战略性新兴产业政策决策过程有重要影响。

学者对中国政策决策过程的研究主要有两种思路。一种思路是从分类的角度出发，重点关注政策制定过程中不同类型的参与者所扮演的角色（王绍光，2008）。这种思路强调了政策参与者的多样性及其在政策决策中的作用，包括政府、学术界、企业界和社会团体等。通过对这些参与者进行细致的分析，可以更好地理解政策制定的复杂性和多样性。另一种思路则着眼于中央政府与地方政府之间的互动关系，强调不同层级的政府在政策制定过程中的作用和影响（马丽、李慧民、齐晔，2012）。这种思路下的研究将重点放在中央政府与地方政府之间的协调与合作，以及地方政府在政策实施中的灵活性和主动性上。通过深入研究中央政府与地方政府之间的相互作用，可以揭示政策决策在不同地域和层级之间的动态变化，以及地方政府在政策落实中所面临的挑战和机遇。

虽然这些研究对中国的政策制定过程进行了深入剖析，但是仍缺乏从组织行为的微观角度来考察决策过程和对互动与交换的作用的深入探讨。

第三节　新兴产业中的政府与企业

政府和企业在新兴产业发展过程中扮演了重要的角色。Murtha 和 Lenway（1994）着重研究了政府是如何刺激新兴产业的出现及成型的。随着技术与制度的共同发展，在创新过程中固有的不确定性在逐渐减少（Ruttan，2000）。但是，政府在这种情况下对行业进行指导仍是非常困难的（Murtha and Lenway，1994）。首先，随着技术演进速度的加快，整体技术不确定不一定会减少（Basalla，1988）。其次，如果已有的制度架构与新生的市场制度并行存在也会增加不确定性并阻碍商业发展（Stark，1996）。最后，新兴产业中不同参与者会预见到不同的不确定因素，也会提高其行动的不确定性（Meijer, Hekkert and Koppenjan，2007）。为了解决上述问题，制度理论学者认为政府与企业通过寻求制度支持及合法性来共同推动新兴产业的发展

（Aldrich and Foil，1994）。然而，不同国家的政治制度在帮助新兴产业中的企业、阻碍或避免这些企业受到伤害的机制存在差异（Murtha and Lenway，1994）。Hung 和 Chu（2006）通过案例分析，提出了政策决策者需要在商业化过程、在创新系统里培育企业和初始冒险者以及维持商业化运作及新公司的产生三个方面做工作。因此，越来越多的研究关注制度如何适应外界条件以及需要适应什么样的条件，寻求与新技术相匹配的制度，以免发生政策错误（Spencer，Murtha and Lenway，2005）。

新兴产业充满着风险与不确定性，政治策略研究认为企业管理者避免企业参与新兴产业或者采取推迟或者放弃的策略来降低企业受不确定性的影响（Koppenjan and Klijn，2004）。但是，现代企业能否长远发展的关键决定之一是看企业是否参与到新兴产业中。在新兴产业发展过程中，企业一方面需要集合知识，互补资源、合作伙伴及客户来创造新的商机，另一方面需要预测市场选择、追逐竞争优势，使企业能够逐渐适应它们所选择的环境并生存下来（Cohen and Axelrod，2000）。一些学者认为企业在早期参与比较迟进入者有更高的长期生存率（Franco，Sarkar，Agarwal and Echambadi，2009）。除此之外，新兴产业中的企业倾向于选择参与政府领导的产业发展来降低风险（Murtha and Lenway，1994），或者在缺乏全面抓住潜在市场能力时有政府的帮助（Hall，Link and Scott，2001）。

第四节　企业政治战略

政策决策过程与企业政治战略的研究是密不可分的。学者主要站在企业角度通过研究政府与企业的关系来间接考察政策决策过程，其目的是帮助企业通过企业政治战略促使政府对竞争对手给予管制，或者获取优于竞争对手的政策，又或者通过政策影响上、下游企业，从而赢得讨价还价的能力，获取竞争优势（Priem，Love and Shaffer，2002；Tian，Hafsi and Wei，2009）。

企业的政治战略包括直接参与政策讨论、借助代言人发声、收集政治信息、动员社会力量、将政治因素融入经营、用财务手段进行激励，以及推动制度创新等（田志龙、高勇强、卫武，2003）。企业实施政治战略的现象较为普遍，在市场环境高度不确定的今天，许多企业都选择通过主动改变非市场环境来增强企业的市场竞争力，而毫无疑问地，企业政治战略是企业用来改变政策环境以谋求自身利益的一种有效途径（张建君、张志学，2005）。

面对企业政治战略，政府具有明显的反馈。一方面，政府界定并规范了哪些行为是合法的；另一方面，政府通过制定政策和推动创新，为新的行为方式和可能性铺平了道路（Fligstein and Mara-Drita, 1996）。中国经济当前正处于转型阶段，政府常常通过直接投资、刺激需求等手段拉动经济的发展（仲伟周、王军，2010）。从历史的角度出发，关注一个特定行业内企业政治战略与行业制度的多次互动，更有可能发现内在影响机制，观察其作用效果。在新兴产业的政策决策过程中，中央政府、地方政府、企业和研究机构在动机、信息、资源、能力等因素上存在差异（Murtha and Lenway, 1994）。例如，企业和研究机构对技术与市场的了解通常更深入。通过与企业的多次互动，政府可以提升政策决策质量，确保政策更贴近市场和技术发展的实际需求。

总的来说，在新兴产业政策的制定中，政府通常独立地从多样化的渠道汲取信息，包括对行业发展趋势的独立分析和评估。这一过程强调了政策决策的前瞻性和适应性，确保政策反映了最新的市场和技术动态。然而，现有的企业政治战略研究从企业行为角度出发，目的是解决企业对非市场资源依赖所造成的问题，为新兴产业政策制定过程中的多方协同研究提供理解的基础，但缺少对政府视角的充分考量，这可能限制了对政策决策全局影响的理解。

第五节 关键概念界定

战略性新兴产业（Strategic Emerging Industry）。2010年，《国务院关于加快培育和发展战略性新兴产业的决定》出台。该文件提出战略性新兴产业这一概念并给出了明确的定义，"建立在重大前沿科技突破基础上，代表未来科技和产业发展新方向，体现现代世界知识经济、循环经济、低碳经济发展潮流，尚处于成长初期、未来发展潜力巨大，对经济社会具有全局带动和重大引领作用的产业"。与已有文献中的"新兴产业"概念相比，中国政府更加强调了七大产业所具备的战略意义。

多方互动。在战略性新兴产业政策的决策过程中，多方互动显得尤为重要。本书定义的多方互动是政府与行业行动者（包括企业和研究机构）为了推动战略性新兴产业政策决策而进行的一系列行动，包括政政互动（中央政府与地方政府之间的互动）、政科互动（研究机构与各级政府的互动）和政企互动（企业与各级政府之间的互动）。这种全面的视角更准确地描绘了政策决策中的复杂动态和多方协同的本质。与此相关的研究，如企业政治行为和企业政治战略与策略，主要聚焦于企业如何影响政府政策。例如，公司政治行为是"任何有意识的企图影响政府政策或过程的公司行为"（Getz，1991）。战略性新兴产业政策决策的复杂性和多方协同的实践表明，政府不仅是政策的制定者，也是互动的发起者。这种互动扩展到政府与其他政府以及科研机构之间的协作，这一点在之前的研究中往往被忽视。

制度创业者（Institution Entrepreneurship）。关于制度创业者的本质，制度理论学派与制度经济学派有不同的认识。制度理论学派引入"制度创业者"这一概念，强调的是那些关注特定的制度安排，利用资源来改变或创造制度架构的能动者（Maguire，Hardy and Lawrence，2004；Greenwood and Suddaby，2006；Battilan，Leca and Boxenbaum，2009）。在制度经济学中，学者引入了"产权创业者"和"制度创业者"（Anderson and Hill，2004），强调的是那些发动制度变迁来获取经济利益的利己能动者。虽然两者都将制度创业者视为推动新制度安排的创新者或者能动者，但是前者提供了一个更为广阔的视角来考察制度创业者的多样化的特征，而并不限制仅仅考虑经济的利己主义，是更加有效的制度创新者，而后者将制度创业者视为带有经济目的的利己主义行动者以追求制度的改变，因此他们将制度创业者的特征限制在仅仅考虑经济机会驱动的行动。在本书中，基于更为广阔的视角，我们采用制度理论学派的相关定义。

第六节　研究内容

从组织行为研究视角看，无论是中央政府、地方政府，还是企业与研究机构以及各方之间的互动，都可视为组织行为，是组织要素与外部环境因素相互作用的结果。这些要素包括目标、资源、价值观等，它们共同塑造了组织的整体行动和反应。因此，在本书中，政策制定过程和多方互动模式是要研究的组织行为；政府特征和企业特征是影响组织行为的组织要素，战略性新兴产业的特征是影响组织行为的外部环境要素。

依此，我们确定本书的关键变量及影响关系如下：战略性新兴产业政策决策过程涉及众多的多方互动模式，并且这些互动模式受政府不同层级、企业与研究机构的特征以及战略性新兴产业特征（发展阶段和高度不确定性特点）的影响。

研究内容①：战略性新兴产业政策决策过程的特点研究。

战略性新兴产业的建立与发展是在中央政府、地方政府、企业、研究机构的互动中逐步推进的。在面对高度不确定性和缺乏学习对象的情境下，中国政府如何进行政策决策是本书所需要关注的第一个研究内容。我们认为虽然传统的研究将决策过程分成决策问题识别、信息收集、初步方案制定、政策形成及执行等阶段，并建立了"宏大"的过程分析模型，但是对于以多方互动推进的战略性新兴产业政策决策来说，上述的划分方法显得过于"宏观"，并不能够显示其决策特点。

研究内容②：战略性新兴产业政策决策过程中的政府与企业行为。

战略性新兴产业政策决策过程中，政府与企业的行为发挥着至关重要的作用，它们相互影响并塑造着战略性新兴产业的发展轨迹。政府的政策支持可以为企业提供机会，而企业的创新和投资则为政府政策的实施提供动力。各种组织之间的互动有助于推动战略性新兴产业增长和创造就业机会，尤其是不同于传统产业所带来的影响。因此，政府（中央政府、地方政府）、企业（传统企业、新创企业）以及科研机构（大学、研究机构）等不同的组织在战略性新兴产业政策决策过程中起到了什么作用？这些组织在战略性新兴产业的不同的政策决策阶段是如何互动的？在互动过程中遵循什么规则？这些互动如何发挥作用？这些问题都在本书中得到细致的阐述。

研究内容③：战略性新兴产业政策决策过程中的新创企业成长机制研究。

在战略性新兴产业政策的制定过程中，新创企业扮演了重要的角色，不仅是政策的受益者，也是政策决策证据的供给者。新创企业通过积极参与多方互动，提供关键的市场反馈和实践证据，帮助政策决策者更精确地理解行业需求和技术发展趋势。这些企业在整合市场资源的同时，也积极建立与政府的关系，利用这些关系获取必要的支持。这种市场与政府资源的拼凑不仅使新创企业能够在竞争激烈的市场环境中寻找发展机会，还促进了创新和成长。新创企业如何确保它们的市场反馈被政策制定者有效采纳？它们又如何有效拼凑市场与政府资源来构建企业的竞争优势？在战略性新兴产业的不同发展阶段，拼凑策略如何随之发生变化，在实现企业成长的同时，促进整个行业的健康发展？针对上述问题，本书将深入探讨并详细解答，帮助读者全面理解相关内容。

根据以上研究内容，本书的结构安排如下。

第一章旨在为本书的展开做基本介绍。通过充分阐述选题的背景、相关概念、研究内容和方法，本章为读者介绍了本书的整体框架，使他们能够更好地跟随研究的发展，并理解后续章节中的详细信息。这有助于确保读者对整本书有清晰的认识，为他们提供了深入理解和参与研究的基础。

第二章旨在详细介绍本书的研究背景。具体内容包括全球产业格局的变迁、技术和创新的推动力、政府政策等。研究具有广泛背景和关联领域的战略性新兴产业的发展历史，有助于我们深入理解现代经济和产业格局的演变过程，对于政策制定者、企业家、学者和全球经济体系的参与者都具有重要的启示作用，是本书的重要的一章。

第三章在分析了中国战略性新兴产业发展的基本历史后，从宏观、中观、微观三个层面分析了经济增长理论、产业政策与政治经济学理论、创新生态系统理论、技术扩散理论、产业生命周期理论、创新过程理论、创新网络理论、市场和消费者行为理论对战略性新兴产业这一研究背景的启发作用。本章还详细阐述了政策决策理论、中国政策决策过程、政策工具以及企业政治战略等理论，为研究战略性新兴产业政策决策中的政府与企业奠定了理论基础。

第四章至第七章是本书研究的核心部分。第四章分析了中国战略性新兴产业政策决策过程的特点，为第五章和第六章的进一步研究提供了基础。这一章主要阐述了以下几个问题：①战略性新兴产业政策的决策是由什么引起的？不同政策的引发事件有差异吗？②与传统产业和高新技术产业相比，战略性新兴产业的政策决策过程的显著特点是什么？③多方互动如何在战略性新兴产业政策决策过程中发挥作用？第五章以"基于证据的政策决策"为研究视角，聚焦于战略性新兴产业政策决策过程中的政府与企业，讨论了政策决策者如何通过与企业、科研机构的互动来实现决策证据的生产、传递和使用，从而提高战略性新兴产业政策决策质量，这是对第四章结论的深入研究。第六章讨论了战略性新兴产业的制度创业者。从制度理论出发，讨论了战略性新兴产业这一新兴场域中，制度创业者的行为及其作用。第七章讨论了战略性新兴产业中的新创企业的成长机制。从资源拼凑的视角出发，讨论了新创企业为了克服脆弱性所采取的策略及其作用等。

第八章对前述各章节的研究结论进行了归纳与整理，系统总结了本书在战略性新兴产业政策决策方面的理论贡献和管理启示。

本书的研究结构框架如图1.1所示。

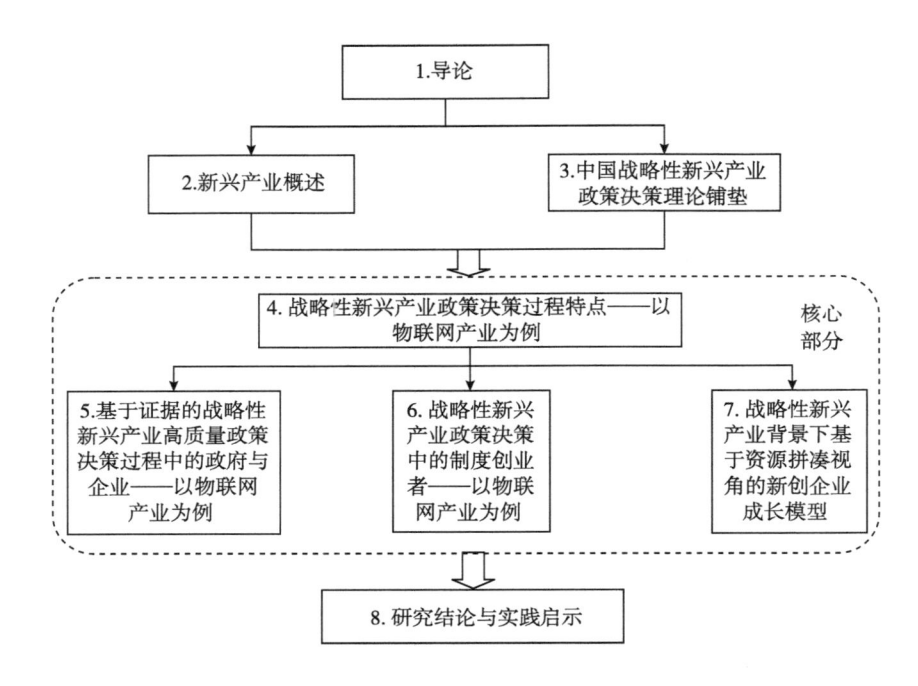

图1.1 本书的研究结构框架

第七节 研究方法

社会科学的研究方法主要有两大流派：实证主义范式和解释主义范式。实证主义范式主张世界是客观的，研究者应保持中立，并倾向于运用类似自然科学的方法来探索社会科学问题，通常通过大规模样本统计得出结论。而解释主义范式则认为世界具有社会建构和主观性特征，研究者与被研究对象之间无法完全分离，且研究结果往往受到研究者自身价值观和经验的影响。因此，它更倾向于小样本调查、深入且长期的调查等研究方法。本书在整体研究策略上主要遵循了解释主义范式。

具体而言，本书综合采用了纵贯研究、案例研究、调查访谈和内容分析法等多种研究方法，这些方法在管理学和社会学领域均得到了广泛的应用和认可，对本书的研究具有较高的针对性和适用性，能够为相关领域的研究提供有价值的参考和启示。

纵贯研究是一种追踪研究对象随时间变化的方法。它适用于理解现象的演化和变化趋势。通过纵贯研究，研究者可以观察和记录特定主题或现象在不同时间点的发展，从而洞察变化的原因和影响因素。这对于分析管理实践和社会现象的长期趋势非常有价值。

案例研究是一种深度研究方法，通过对特定案例进行详细分析，可以深入理解问题的复杂性和上下文，包括从内到外以及从外到内两种研究范式。前者采用"扎根"的思想构建新理论，后者是在已有理论的基础上引入新的构念构建新理论。对于全新的情境，学者提倡采用由内到外的研究范式，从现象出发，通过不断总结提炼和比较来构建新的理论框架，实现理论与实践的融合。

调查访谈是一种定性研究方法，通过与受访者的互动来获取深入的信息。它适用于收集个体和团体的观点、看法和经验。研究者可以运用调查访谈来深入了解研究对象的思维过程、决策动机和行为模式，从而揭示社会现象的内在机制。

内容分析法是一种系统研究文本或媒体内容的方法，旨在识别和分析其中的模式、趋势和主题。这对于研究媒体报道、社交媒体内容、政策文件等具有广泛的应用。内容分析法可以帮助研究者理解信息传播、舆论形成和社会话题的演变。

综合而言，本书所采用的研究方法多样且经典，有助于深入理解管理学和社会学领域的复杂现象。纵贯研究和案例研究强调深度理解和理论构建，有助于揭示新的理论框架和实践启示。调查访谈则提供了深入了解个体经验和观点的途径，有助于挖掘社会现象的内在动因。内容分析法则有助于分析大规模文本数据，以捕捉社会话题和信息传播的模式。这些方法的综合运用丰富了研究视角，有助于全面理解复杂的社会现实。

在案例研究的范式选择上，本书采用从内到外的研究范式，主要出于两个重要原因。首先，问题的性质决定了采用案例研究方法是合适的。案例研究方法适用于回答复杂的问题，尤其是涉及如何和为什么的问题（Yin，2002）。在本书中，研究的主要问题包括政府和企业在新兴产业政策决策中的互动方式、演化过程以及如何实现高质量的政策决策。这些问题需要深入挖掘和理解，案例研究方法提供了一种深度分析的途径，使研究者能够深入探讨互动背后的原因和机制，揭示政府决策的复杂性。其次，现有理论基础的不足也是采用从内到外的研究范式的原因之一。虽然已有一些公共政策决策过程的理论，但针对科技政策和产业政策决策的深入研究相对有限。现有理论缺乏对战略性新兴产业政策决策过程的深度讨论，也缺乏可供借鉴的成熟理论框架。因此，采用从内到外的研究范式，即从实际现象出发构建新的理论框架，是合理的选择。这种方法允许研究者根据具体案例和观察结果来构建理论，以更好地解释政府决策过程的内在机制和影响因素。

因此，本书的研究方法选择既符合问题性质，又充分考虑了现有理论的不足。通过深入的案例研究和从内到外的研究范式，本书旨在为产业政策决策的理论构建提供新的视角和理解，从而为政府决策和企业成长提供更为深刻的见解和可行性建议。这种方法有助于填补现有理论的不足，为战略性新兴产业政策研究领域提供有价值的贡献。

第二章 新兴产业概述

第一节 新兴产业的历史演进

一 新兴产业的定义与范围

新兴产业是指一组在相对较短时间内崭露头角、以高度创新和技术驱动为特征的产业领域。这些产业往往与新科技、新商业模式或新市场机遇密切相关，具有较高的增长潜力，可能对经济、科技和社会产生深刻影响（Spencer, Murtha and Lenway, 2005）。它们通常涵盖跨学科领域，融合多种知识和方法，不断演进，为企业和创新者提供了广阔的发展空间。

新兴产业的范围非常广泛，包括但不限于信息技术（如人工智能、大数据、区块链）、生物技术（如基因编辑、生物医药）、新能源和可再生能源（如太阳能、风能、电动汽车）、新材料（如纳米材料、智能材料）、数字媒体和娱乐（如虚拟现实、游戏产业）、绿色技术和可持续发展（如清洁能源技术、循环经济），以及许多其他领域。这些产业的共同特点是它们都在不断创新，具有高增长潜力，对社会和经济产生积极影响（Basalla, 1988），因此备受关注并引领着未来的发展方向。

二 新兴产业的历史起源

新兴产业的发展历史可以追溯到工业化时代。从 18 世纪末至今，随着科技进步和社会需求的变化，各种新的产业不断涌现，成为不同时代的新兴产业。新兴产业来自技术创新与市场机遇之间的碰撞，如新能源、新材料、生物技术产业等。处于成长阶段的新兴产业，由于发展所需的各类要素条件尚不完善且时常变化，同时产业内部的机制、内涵等尚未形成高度的规范化、规则化，因此其未来的发展路径难以明确预测（Freeman and Soete，1997）。即便如此，新兴产业对于国家和社会的重要性仍不言而喻，各国通过刺激新兴产业恢复商业环境，还通过激起先进技术的发展，为经济增长与就业带来生气。

18世纪末至19世纪初，工业革命是新兴产业发展的开端。这一时期，蒸汽机、纺织机械、钢铁制造等技术的崛起，大大地提高了生产效率，推动了工业化进程。19世纪末至20世纪初，发电技术的发展推动了电力工业的兴起。随着电子技术的不断进步，无线电、电视、计算机等电子产业也开始崭露头角。20世纪成为近代新兴产业兴起的重要转折时间点，也为21世纪的新兴产业的蓬勃发展奠定了坚实的基础。20世纪，汽车工业的兴起改变了人们的出行方式，大规模生产和消费汽车成为经济的重要部分。化学工业的发展导致了合成材料、塑料、化学肥料等新兴产业的兴起。飞机和太空探索的发展催生了航空航天工业，这一领域的技术进步对军事和商业领域产生了巨大影响。20世纪后半叶至21世纪初，计算机、互联网和移动通信技术的快速发展催生了信息技术产业。互联网的普及改变了商业和社交的方式，同时也催生了电子商务、社交媒体和在线娱乐等新兴子产业。同时代，生物技术的进步推动了生命科学和医疗产业的快速发展。基因工程、生物制药和医疗设备等领域取得了显著突破。

进入21世纪以来，各类新兴产业技术在20世纪积累的基础之上，可谓是日新月异。例如，随着环保意识的增强，太阳能、风能和其他可再生能源产业开始崭露头角。这些产业的发展有助于减少对传统能源的依赖，降低温室气体排放。清洁能源、可回收材料、环保技术等领域成为新兴产业的一部分。人工智能技术的快速发展引领了自动化、机器学习、机器人技术等新兴领域的兴起。这对工业、医疗、金融等领域产生了深远影响。

三　新兴产业的发展阶段

新兴产业的演进是一个复杂且动态的过程，通常经历萌芽、初创、发展以及成熟四个关键阶段。在每个阶段，不同的行动者扮演关键角色，关键成功要素不断演变，政府和企业也采取不同的行动来推动产业的前进。

在萌芽阶段，新兴产业的概念刚刚开始浮现，科学家、研究者和实验室团队是主要的行动者。在这个阶段，关键成功要素包括科学研究、概念验证和技术开发。政府扮演着重要的角色，提供基础研究资金和支持，鼓励创新的初步实验（Spencer, Murtha and Lenway, 2005）。企业可能会参与，但通常在早期仍处于观望状态。

当新兴产业进入初创阶段时，新创企业、创业者和风险投资者开始发挥关键作用。在这个阶段，关键成功要素包括商业模式的开发、原型的建立、市场验证以及融资。政府通常提供税收激励、风险投资基金以及创业支持生态系统的支持。大型企业也可能开始关注并投资于新创企业。

随着时间的推移，新兴产业进入发展阶段。这个阶段涵盖市场的迅速扩展和增长。主要的行动者包括成熟企业、新创企业和政府。关键成功要素包括市场扩展、产品优化、品牌建设和国际化。政府的角色包括监管市场、促进创新合作以及制定竞争政策。新创企业可能继续创新，但大型企业开始认识到新兴产业的潜力，并可能与新创企业建立战略伙伴关系或进行收购。

最终，新兴产业进入成熟阶段，市场竞争激烈。主要的行动者包括大型企业、创新领导者和政府监管机构。关键成功要素包括持续创新、市场领导地位和全球扩张。政府的作用是维持市场的稳定，确保公平竞争，并监管行业。大型企业在市场中占据主导地位，继续进行研发和创新，而创新领导者可能进军相关领域或扩展到全球市场。

这四个阶段代表了新兴产业的典型演进过程，尽管具体情况会因产业特性、政策和市场因素而异。这些阶段共同构成了新兴产业的动态演化路径，对经济增长和创新发挥着重要作用（Franco, Sarkar, Agarwal and Echambadi, 2009）。

四　新兴产业中的行动者

新兴产业发展离不开行动者，包括政府、在位企业、新创企业、研究团队、学术机构、投资者、风险资本家、制造商和供应链合作伙伴。

在新兴产业发展中，政府和政策制定者在新兴产业的萌芽阶段可以开展研发资金、税收激励、知识产权保护和监管指导等活动来为新创企业保驾护航，同样，它们还可以创造有利于创新和企业家精神的生态系统，以促进新兴产业的发展。

已经存在的在位企业（成熟企业）同样也可以发挥重要作用。在位企业通常拥有丰富的经验和资源，它们可以通过推出新的产品或服务，进一步渗透新兴产业，占领市场份额。在位企业可以投入大量资金和资源用于研发和创新，甚至参与制定行业标准和法规。进一步地，在位企业的竞争压力可以激发新创企业更快地创新和提高效率，促使整个新兴产业不断进步。

新创企业是新兴产业的主要驱动力之一。它们是最早尝试将新概念、技术或产品引入市场的公司。新创企业通常由创始人或创始团队创建，寻求创新的商业模型和解决方案。在萌芽阶段，新创企业进行产品研发、原型制作和市场测试，同时积极寻求风险投资或资金支持。

研究团队和学术机构是由科学家、研究人员所组成的松散型组织。在萌芽阶段，他们可能会进行基础研究，探索科学原理和技术，也会尝试将他们的研究成果转化为商业机会，可能通过创业公司或技术许可来实现。

投资者和风险资本家在新兴产业的萌芽阶段起到关键作用。它们提供资金支持，帮助新创企业进行产品开发、市场验证和扩展业务。同时，它们的资金和经验可以帮助新创企业克服初期的挑战。

制造商和供应链合作伙伴可以在新兴产业的萌芽阶段提供生产和供应链支持。它们可能与新创企业合作，共同开发新产品或组装原型。这些合作伙伴可以加速产品开发和市场推广。

第二节 政府与企业在新兴产业中的角色

一 政府在新兴产业中的角色

政府在新兴产业中扮演着多重关键角色，这些角色涵盖了多个方面，从政策决策到资源分配，都对新兴产业的兴起和发展产生深远影响（Spencer, Murtha and Lenway, 2005）。

政府是政策制定者和规范者。政府在新兴产业中的首要角色是制定政策和法规，为产业提供指导和框架。这一角色的重要性不可忽视，因为政府的政策制定直接影响着新兴产业的发展方向、速度和可持续性。在新兴产业的初创阶段，政府的政策和法规不仅影响企业的经营环境，还决定了市场竞争的格局、创新的动力、投资的流向，以及产业的整体健康状况。

首先，政府在新兴产业中制定激励政策，旨在鼓励企业和投资者积极参与并投入资源。这些政策可以采取多种形式，包括财政支持、税收优惠、创业基金、补贴和奖励计划等。这些激励措施的目标是降低企业的创业和运营成本，提高市场竞争力，并吸引更多的投资。政府可以通过提供财政支持来鼓励新兴产业的发展。这可以包括直接的资金注入，用于研发、创新、技术转移和市场推广。政府还可以设立专门的创新基金，以支持新创企业和高科技项目的发展。税收政策在激励新兴产业中也发挥着重要作用。政府可以减免企业所得税、增值税和关税等税收，降低企业的税负。这降低了企业的运营成本，鼓励了更多的投资和创新。政府还可以设立奖励计划，以鼓励创新和技术成果的开发。这些奖励计划可以包括科技创新奖励、专利奖励和技术成果转化奖励等，激励企业积极从事研发活动，推动新技术的应用和商业化。

其次，政府在新兴产业中的另一个关键角色是制定产业标准。产业标准是确保产品质量、互操作性和安全性的重要工具。政府需要积极参与标准的制定，以确保产业发展的有序性和可持续性。政府可以牵头制定技术标准，以确保新兴产业的产品和技术达到一定的质量和性能要求。这有助于提高市场竞争力，降低产品缺陷和质量问题的风险。政府可以推动行业标准的制定，以促进产品互操作性。在新兴产业中，不同企业的产品需要能够相互配合和协同工作。政府可以起到协调作用，推动各方达成一致，制定通用的标准和规范，确保不同产品和系统可以互相兼容。政府可以制定安全标准和法规，以确保新兴产业的产品和服务在使用过程中不会对用户造成危害。这包括数据隐私保护、网络安全、产品安全等方面的标准和法规，为消费者和企业提供信心和保护。

最后，政府还需要制定监管法规，确保新兴产业的健康发展和市场秩序。这包括市场准入规定、反垄断法规、知识产权保护、环境监管和劳工法规等方面。政府需要确立市场准入规定，以监督企业的进入和退出。这有助于防止市场的垄断和不正当竞争，维护市场的竞争公平性。政府需要加强反垄断监管，防止新兴产业中出现垄断地位的企业。这有助于保护市场的竞争性，鼓励创新和多样性。政府还需要制定知识产权保护法规，确保新兴产业的创新成果得到合理保护，鼓励企业进行研发和创新。此外，环境监管和劳工法规也至关重要。政府需要确保新兴产业的发展不会对环境造成不可逆的影响，并保障劳工权益。

二 企业在新兴产业中的作用

从新兴产业中的技术突破和创新的行动主体来看，在位企业、新创企业以及孵化器和创新中心都在探索着各自在新兴产业中的作用和地位。这些企业与新兴产业之间存在密切的关系，它们通常相互促进，塑造着彼此的发展。

（一）在位企业与新兴产业

在位企业与新兴产业之间存在密切的相互关系。在位企业通常具备技术创新、资金支持、供应链网络、市场渠道以及广泛的合作伙伴关系等资源，它们与新兴产业形成合作与竞争的双重动态。在位企业可以通过技术创新支持、资金投资、供应链合作、市场渗透和合规政策参与等，帮助新兴产业获得所需的资源和机会，共同塑造经济发展的格局。

（1）技术创新与合作。在位企业通常拥有先进的研发和技术实力，可以与新兴产业的新创企业或研究机构合作，共同推动新技术的发展和应用。这种技术合作有助于新兴产业更快速地将创新成果转化为实际产品或服务。

（2）投资与资源支持。在位企业往往拥有更丰富的财务资源，可以通过投资、并购或风险投资，支持新兴产业的成长。这种资金支持有助于新兴产业扩大规模、拓展市场，并加速创新。

（3）供应链与协同发展。在位企业拥有庞大的供应链网络和合作伙伴关系，它们可以与新兴产业的企业建立供应链合作，共同开发产品或提供服务。这有助于新兴产业更容易进入市场并提高生产效率。

（4）市场渗透与合作。在位企业通常具备广泛的市场渠道和客户基础，可以帮助新兴产业推广其产品或服务，进入市场并吸引更多客户。通过与在位企业合作，新兴产业可以更快速地渗透市场。

（5）竞争与合作的动态。在位企业和新兴产业之间存在竞争和合作的双重动态。竞争可能涉及市场份额和资源争夺，但也可能激发创新和提高产品质量。同时，它们也可以通过合作来共同解决行业挑战，共同发展。

（6）法规与政策影响。政府政策和法规对在位企业和新兴产业的发展产生重要影响。政府可以通过制定相关政策来鼓励新兴产业的成长，例如提供税收激励或研发资金。在位企业通常会参与政策制定过程，以确保符合其利益，并影响政策的制定方向。

（二）新创企业与新兴产业

新创企业在新兴产业中充当着创新的火种，通过快速响应市场需求、利用新兴产业的机会、借助资源支持网络以及与其他企业的竞争与合作等，推动整个产业的创新和发展，为经济发展注入了新的动力。

（1）快速响应市场需求和创新推动。新创企业通常具备敏捷性和创新性，能够迅速响应市场需求，提出新的商业模式和解决方案。它们的灵活性和创新能力使其能够在新兴产业中推动技术和商业模式的突破，为整个产业带来新的活力。

（2）新兴产业提供丰富机会。新兴产业通常处于高速增长阶段，充满了未开发的市场机会。新创企业看中了这些机会，积极进入并参与竞争，从而推动了产业的多样性和创新。

（3）资源和支持网络。新兴产业常常建立了支持新创企业的生态系统，包括孵化器、加速器、投资者和合作伙伴。这些资源和网络为新创企业提供了资金、导师指导、市场准入和合作机会，有助于它们更好地发展和扩展。

（4）竞争与合作的动态。新创企业在新兴产业中既竞争又合作。它们可能与传统企业和其他新创企业竞争市场份额，也可能与它们合作，共同探索市场机会。这种竞争与合作的动态推动了产业的不断发展和创新。

由此可见，新创企业和新兴产业之间的互动关系是相互依存的。新创企业推动新兴产业的创新和增长，而新兴产业为新创企业提供了发展和生存的机会。这种协同作用有助于推动经济的发展，推动社会的进步，并创造更多的就业机会。

（三）孵化器和创新中心与新兴产业

与传统产业发展不同的是，在新兴产业发展过程中，孵化器和创新中心以一种全新的企业形式在新兴产业生态系统中发挥了关键作用。孵化器和创新中心通过提供资源和支持、促进技术创新、吸引风险投资、培养创业人才和推动产业升级，帮助新兴产业繁荣和发展，为经济增长和创新注入了重要的动力。

（1）提供资源和支持。孵化器和创新中心为新创企业提供必要的资源和支持，包括办公空间、基础设施、导师指导、培训课程和资金。这些资源有助于新创企业在新兴产业中快速成长和发展，减轻了它们的创业压力。

（2）促进技术创新。孵化器和创新中心通常位于技术领域或科技园区，鼓励技术创新和研发活动。它们提供了一个创新型企业的交流和合作平台，有助于新技术的涌现和发展，推动了新兴产业的技术进步。

（3）吸引风险投资。孵化器和创新中心通常能够吸引风险投资机构的关注，这些机构寻找有潜力的新创企业进行投资。这种投资有助于新创企业获得资金支持，进一步推动新兴产业的蓬勃发展。

（4）培养创业人才。孵化器和创新中心提供了一个培养创业人才的环境，吸引和培养具有创新精神和创业潜力的个人。这些人才在新兴产业中发挥了关键作用，为产业注入了新的活力。

（5）推动产业升级。孵化器和创新中心在培育新兴产业领军企业方面发挥重要作用，通过鼓励企业采用更先进的技术和商业模式，提高产业的竞争力，促进整个产业的升级。

三 政府与企业的协同机制

政府和企业在新兴产业发展中形成了紧密的协同机制。双方在政策决策与执行、资源投入与合作、市场拓展与国际化、技术创新与人才培养以及风险共担与市场规模扩大等多个层面展开深入合作，共同推动了新兴产业的蓬勃发展，实现了产业的可持续进步。这种协同机制有助于构建产业生态系统、创造更多的就业机会、推动经济增长、提高创新能力，对于国家和企业来说都具有重要意义。

在政策决策与执行方面，政府需要为企业提供发展的框架和指导。政府需要与企业密切合作，了解它们的需求和挑战，确保政策的制定和执行能够满足产业的需求。这些政策包括：税收激励，鼓励企业增加研发投入；市场准入规定，帮助企业更容易进入市场；知识产权保护，保障创新成果的合法权益等。企业需要与政府密切合作，积极参与政策制定的过程，以确保政策符合产业的需求，能够促进企业的创新和发展。

在资源投入与合作方面，政府通常拥有更丰富的财政资源，可以投入企业合作项目，共同推动新技术和新产品的研发。企业则需要充分利用政府提供的资源，积极寻求政府的合作机会，共同投资研发项目、创新中心和科研机构。这种合作有助于加速技术的研发和市场应用，推动新兴产业的发展。

在市场拓展与国际化方面，政府可以协助企业扩大市场份额，并推动新兴产业的国际化发展。政府可以通过推动国际贸易协议的签署、降低市场准入壁垒和提供市场准入支持等方式，帮助企业进入国内外市场。企业需要积极响应政府的市场拓展政策，积极参与国际合作，以提高产品和服务的国际竞争力。

在技术创新与人才培养方面，企业需要与政府合作，共同推动技术创新和人才培养。政府可以通过资助研发项目、设立研究机构和提供创新基金来支持技术创新。企业可以积极参与政府支持的技术研发项目，共同推动新技术的涌现。此外，政府还可以投资教育和培训项目，培养高素质的劳动力，满足新兴产业的人才需求。

在风险共担与市场规模扩大方面，政府可以与企业共同承担市场风险，降低企业的经营风险。政府可以提供风险投资、担保机制和市场规模扩大的支持，鼓励更多的投资和市场进入。企业需要与政府密切合作，寻求风险共担的机会，共同推动新兴产业的成长。政府的支持可以帮助企业更好地应对市场风险，提高市场竞争力。

由此可见，政府与企业的协同机制有助于加速新兴产业的发展，推动经济增长和创新，为国家和企业创造更多的机会和竞争优势。综观全球，政府和企业之间的合作也是新兴产业繁荣的关键因素之一。

四　新兴产业中的典型案例研究

中国物联网行业作为战略性新兴产业的成功案例备受瞩目。物联网，即互联网物联网，是一种将物理世界与数字世界相互连接的技术和概念，通过传感器、通信技术和数据分析实现设备、传感器和人与人、人与物之间的互联互通。

物联网作为一项关键技术和概念，旨在连接各种物理设备和对象，实现信息的实时交流和互动。它不仅适用于工业自动化和智能家居，还广泛应用于农业、医疗、城市管理和交通等领域。中国物联网产业的崛起得益于政府和企业的协同努力。在21世纪初，物联网市场尚处于初期阶段，市场规模相对有限。然而，中国政府迅速认识到这一领域的潜力，并采取积极措施鼓励其发展。政府出台了一系列政策，包括财政支持、税收优惠、标准制定和鼓励地方政府支持等，为物联网产业的兴起创造了有利环境。这些政策不仅降低了企业的研发和生产成本，还为市场的快速增长提供了动力。

与此同时，中国的科技巨头企业积极投入大量资金用于物联网技术的研发和创新。如华为、阿里巴巴和腾讯等企业建立了物联网实验室和研究中心，推动了技术的不断进步。这些企业不仅仅关注硬件和软件的研发，还构建了完整的物联网生态系统，与传感器制造商、云服务提供商和应用开发者合作，为物联网解决方案的开发和应用提供了全面支持。中国物联网企业积极探索物联网技术在工业自动化、智能城市、智能家居、智能交通等领域的应用，并与政府和行业合作伙伴合作，推动了物联网技术在各个领域的推广和应用。此外，中国物联网企业还积极拓展国际市场，将中国的物联网技术和解决方案出口到世界各地，推动了中国物联网产业的国际化发展。

与传统行业崛起过程不同的是，以物联网为代表的战略性新兴行业的崛起离不开新创企业的努力。以无锡感知集团为例，其是中国物联网领域的一个杰出的新创企业，成立于2010年。该公司致力于物联网技术的研发和应用，提供多样化的解决方案，涵盖了智能城市、智能交通、智能农业、智能工业等领域。感知集团的核心业务包括智能城市解决方案、智能交通系统、智能农业技术和物联网云平台。公司的产品和服务覆盖了大量物联网领域，包括城市智能化管理、交通流量监控、农业精准化决策、工业设备远程监测等。这些解决方案通过传感器、数据采集、云计算和人工智能技术实现设备之间的互联，提高了效率、减少了浪费，并促进了智能化管理。感知集团注重技术创新，在研发领域投入大量资源。该公司拥有自己的研究团队，专注于物联网、大数据分析、人工智能等领域的前沿技术。这种技术优势使感知集团能够不断提升其解决方案的性能，满足客户的多样化需求。感知集团在各个领域都有成功的案例。例如，在智能交通领域，它的交通流量监控系统帮助城市管理者更好地管理交通拥堵，提高了道路通畅性。在智能农业领域，它的农业物联网解决方案提供了实时的农田监测数据，帮助农民进行精准农业管理，提高了农产品的产量和质量。感知集团作为一个典型的新创企业，通过技术创新、多领域解决方案和国际化战略，在中国物联网行业取得了显著的成功。它展示了新创企业在推动物联网技术的发展和应用方面的关键作用，同时也证明了中国在全球物联网领域的竞争力。

除了企业的努力，中央政府和地方政府在支持物联网产业发展方面还采取了多层次的举措，体现了其高度的重视和支持力度。

首先，中央政府的关注和重视程度表现在多个层面。有关部门的领导多次在讲话和政府工作报告中提及物联网产业，在多次重要场合提出发展物联网产业的设想，强调其作为信息网络产业的关键驱动力，在推动产业升级和可持续发展中的重要作用。此外，国家层面成立了两个部际联席会议机制，专门协调物联网产业的发展，这在其他产业领域中较为罕见，凸显了政府对物联网产业的高度关注。

其次，物联网产业在国家层面成功实现了突围。中央政府于2011年11月将物联网列为首个发布"十二五"发展规划的新兴产业之一，明确提出诸如"十区百企"的具体发展目标。同时，物联网产业在2011年主营收入突破600亿元，增速高达64%，远超其他新兴产业的增幅，这反映了政府支持政策的有效推动，使物联网产业成为经济增长的新引擎。

最后，地方政府的积极响应和支持也是物联网产业发展的重要因素。不少省区市将物联网产业列为发展重点，并制定了相应的产业规划，明确了发展目标和重点领域。例如，杭州、广州、重庆、无锡等地分别提出了物联网产业的发展目标，并制定了详细的行动方案。这些地方政府的支持包括政策优惠、投资引导、人才培养等多方面，有力地推动了物联网产业在地方的蓬勃发展。

总的来说，中央政府和地方政府在支持物联网产业发展中发挥了重要作用，通过政策制定、资源投入和产业规划等手段，共同推动了中国物联网产业的快速壮大。政府在物联网产业中的关注和支持为该产业的繁荣发展提供了坚实基础。

第三节　研究新兴产业的视角

近年来，国内外围绕新兴产业展开的研究数量急剧增多。经济学者、管理学者甚至工程学专家都在自己擅长的学科领域，从专业的研究视角为如何促进新兴产业的发展建言献策，其中广为接受的包括创新与技术驱动的视角、竞争与市场导向的视角以及可持续发展与社会影响的视角。

首先，新兴产业的成功通常依赖于创新和技术驱动力（Murtha and Lenway，1994）。研究者需要关注这些产业中的技术发展、研发投入和知识产权保护，以了解它们的竞争优势和可持续性。此外，分析新兴技术的市场采用和商业模式的演化也是关键，因为这些因素对产业的成长和竞争力有深远影响。

其次，竞争对新兴产业至关重要，因此研究者需要关注市场结构、竞争格局和企业之间的战略争夺。了解市场需求、消费者行为和市场细分有助于揭示机会和挑战。同时，关注国际市场和全球竞争也是必要的，因为新兴产业通常面临国际化的机会和风险。

最后，新兴产业的研究不仅要关注经济绩效，还要考虑可持续发展和社会影响（孙天阳、杨丹辉，2022）。这包括环境可持续性、社会责任和产业对社会的影响。研究者需要评估新兴产业的可持续性策略、生态足迹以及与社区和利益相关者的互动，以确保其在长期内对社会和环境都产生积极影响。

一 创新与技术驱动的视角

学者从创新与技术驱动的视角研究新兴产业，关注新兴产业如何依赖和推动技术创新来实现发展，并取得了丰硕的成果。

（一）技术创新的定位和评估

学者通过文献综述、产业报告、专家意见和市场分析来识别新兴产业中的关键技术（Li and Atuahene-Gima，2001）。技术识别的目标是确定哪些技术领域具有潜力和重要性，可能对产业发展产生重大影响。一旦确定了关键技术领域，学者可以进行技术趋势分析，以了解这些技术的发展趋势，包括技术的演进速度、技术成熟度、技术关联性等方面的考察。技术领先者的识别也通常受到研究学者的关注。管理学领域的学者通过对专利数据、企业研发投入、技术合作伙伴关系等关键变量的分析，确定在新兴产业中具有技术领先地位的企业或组织。这些技术领先者通常在创新方面具有竞争优势，可以推动产业的发展。除此之外，研究者需要分析包括市场需求、政府政策、竞争环境、人才和资金等在内的影响技术创新的因素，理解技术创新的驱动因素和障碍。

（二）创新生态系统分析

该视角研究新兴产业的创新生态系统，了解各个参与者（如新创企业、大型企业、研究机构、孵化器等）在技术创新和产业发展中的角色和互动（Shi，Liang and Luo，2023）。在新兴产业的研究中，创新生态系统是不可或缺的一个研究视角，因为它有助于促进创新、资源整合、市场进入、问题解决和政策支持。通过深入了解参与者之间的互动和合作关系，可以更好地推动新兴产业的可持续发展，同时也为产业的未来提供了战略指导和预测。现有研究表明创新生态系统是创新的"温床"，它汇聚了不同参与者的资源和知识，有助于推动创新和技术的不断发展。众所周知，在新兴产业中，技术创新通常是取得竞争优势和持续增长的关键。创新生态系统允许不同的参与者共享资源，包括资金、研发设施、人才和市场渠道。这种资源整合有助于新创企业克服资金短缺、大规模企业寻求外部创新等问题。因此，有部分学者通过研究创新生态系统来优化资源配置。学者还发现，创新生态系统可以为企业提供更快速地进入市场的途径，通过合作伙伴关系、技术共享和市场准入支持，降低市场进入壁垒。政府通常通过政策和支持措施来推动新兴产业的发展。了解创新生态系统的结构和运作有助于政府更精确地制定支持政策，以满足产业的需求。

（三）技术转移和知识流动

该视角研究不同地区和组织之间的技术转移和知识流动，了解技术如何跨越界限和领域，促进新兴产业的跨界融合（Chang，Hung and Lin，2014）。学者主要讨论不同地区之间的技术转移，包括国际和国内的技术流动。跨国企业的技术转移、国际研发合作以及技术引进推动了新兴产业的快速发展。一些学者通过比较不同地区的技术转移模式和机制，了解技术如何在全球范围内传播，为推动新兴产业的国际化提供建议和思路。技术转移和知识流动还存在于不同组织之间，包括大型企业、新创企业、研究机构、大学等之间的合作和知识共享。学者提出了知识在不同类型的组织之间的传递路径，包括联合研发、技术共享协议、产业联盟和构建合作关系等，并探讨了这些路径是如何促进新兴产业的创新和发展的。研究也表明，合作伙伴之间的互动和技术交流对产业创新和竞争有正向影响。近年来，越来越多的学者通过构建知识图谱，可视化不同领域之间的知识联系，识别潜在的技术融合机会和创新热点。除了定量研究，还有一些学者通过深入研究跨界创新案例，了解技术如何从一个领域应用到另一个领域，推动新兴产业的跨界融合。

二 竞争与市场导向的视角

新兴产业的发展除了依靠创新与技术的驱动，市场与竞争也是无法忽视的重要驱动因素。新兴产业中技术的采用过程以及市场扩展策略，技术如何走向商业化和广泛应用都在决定着新兴产业能否发展起来。新兴产业中企业的竞争策略和创新战略，以及如何利用技术创新来获得竞争优势都在决定着企业的成长，进一步影响行业的发展。下文将从市场机会识别、市场机会如何创造新兴产业、市场机会如何引导新兴产业、市场规模与增长如何发展新兴产业、市场机会的多样性如何丰富新兴产业几个方面来讨论市场导向视角的研究成果。

市场机会是新兴产业发展的推动力之一，通过识别未被充分满足的市场需求或发现新的商业可能性，创业者和企业可以创造新的产品、服务或解决方案并满足消费者和社会的需求，从而推动新兴产业的兴起和繁荣。市场需求通常源于社会、技术和经济趋势，以及消费者或企业的需求。第一，社会或市场上存在的问题可能包括能源效率、环境保护、医疗保健、交通拥堵等。市场需求是创新的重要推动力，它催生了各种解决现存问题的创新方案。第二，消费者需求是市场的重要组成部分。当消费者对某种产品或服务表现出需求时，企业通常会竞相满足这些需求，从而创造新兴产业。例如，智能手机的快速普及是由消费者对移动通信和便捷性的需求驱动的。第三，技术的不断发展也可以催生新兴产业。市场需求促使企业不断研发和改进技术，以满足消费者的需求。例如，电动汽车产业的兴起与消费者对更环保、更节能的交通工具的需求有关。第四，政府政策和法规可以引导市场需求，促进新兴产业的发展。政府可能提供奖励、激励措施或制定法规，以鼓励市场需求朝着特定方向发展，如清洁能源产业受益于政府的可再生能源政策。

那么，市场机会是如何创造并引导新兴产业的发展呢？创业者和企业首先需要进行市场研究，以识别潜在的市场机会。这包括对市场趋势、竞争情况、消费者需求和技术发展等方面的分析（蔡江，2023）。通过了解市场的现状和未来趋势，它们可以发现未被满足的需求和新的商机。一些创业者和企业通常会利用创新技术和解决方案来满足市场机会。这可能涉及新的产品、服务、工艺或商业模式的开发。例如，电动汽车产业的兴起就是通过引入新的电池技术和可持续能源解决方案来满足对环保交通工具的需求。还有一些创业者和企业通过填补这些空白来创建新的产业。例如，在健康科技领域，远程医疗和健康监测市场机会的发现导致了一系列新的医疗科技公司的涌现。社会和文化的变革也会创造新的市场机会。例如，随着人们对可持续性和环保的关注增加，可再生能源和绿色技术成了一个蓬勃发展的新兴产业。这种变革推动了清洁能源市场的形成。因此，市场机会的创造和发现是新兴产业兴起的关键要素之一。创业者和企业需要具备敏锐的市场洞察力、创新的能力以及灵活的战略，以利用这些机会推动新兴产业的成功发展。通过不断探索、创新和满足市场的需求，它们可以在不同领域创造出有影响力的新兴产业。

通过市场机会的识别挖掘出新兴产业并不意味着新兴产业可以一帆风顺地发展下去，市场规模与增长决定着新兴产业的潜力。市场规模表示在特定领域或行业中的潜在市场规模。新兴产业通常选择进入具有较大市场规模的领域，因为这提供了更大的商机和增长潜力。较大的市场规模通常对于新兴企业更具吸引力，因为它们有机会获得更多的市场份额。市场的增长速度直接影响新兴产业的发展速度。快速增长的市场通常吸引了更多的投资和创新，因为企业期望在这些市场中取得更高的回报。新兴产业通常出现在具有高增长潜力的市场领域，例如科技、清洁能源、生物技术等。进一步来说，市场规模和增长也影响着新兴产业的竞争格局。在较大的市场中，可能存在更多的竞争者，而在快速增长的市场中，新进入者可能更容易获得市场份额。因此，企业需要根据市场规模和增长来制定竞争战略。市场规模和增长也反映了消费者和企业对某种产品或服务的需求。新兴产业通常是为了满足市场中未满足的需求而兴起的。因此，市场规模和增长是新兴产业成功的关键因素之一。它们决定了新兴产业的商机和吸引力，影响了竞争格局，反映了需求趋势，并受到政府政策的影响。企业和投资者通常会仔细研究市场规模和增长前景，以确定是否进入或投资于特定的新兴产业。

综观全球各国的新兴产业的发展现状，我们不难发现，市场机会的多样性可以丰富新兴产业的发展内涵。第一，多元化市场机会促进新兴产业生态系统的多样性。当市场中存在多种不同类型的机会和需求时，新兴产业有机会以各种不同的形式和方式进行发展。这种多样性可以促使新兴产业形成多元化的生态系统，各种企业、创新和商业模式共同繁荣。第二，多样化的市场机会可以降低新兴产业的风险。如果新兴产业依赖于单一市场机会，那么在该市场出现问题或下滑时，整个产业可能受到威胁。但如果市场机会多样，产业可以更好地分散风险。第三，多样的市场机会鼓励企业追求创新。竞争性市场通常激励企业寻找新的方式来满足不同需求，推动技术和产品的创新。这有助于新兴产业保持竞争力。第四，多样的市场机会可以提供新兴产业更长期的可持续性。如果一个市场机会饱和或减缓增长，产业仍然可以依赖其他市场机会来维持其发展势头。第五，多样化的市场机会通常吸引更多不同领域的投资，满足不同市场需求，为新兴产业更好地定位和扩展其产品或服务。第六，多样化的市场机会可能得到政府政策和支持的认可。政府可能会采取措施来鼓励和促进多样性市场机会的发展，以支持新兴产业的增长。

新兴产业的兴起所遇到的最大的挑战是建立一个稳健的市场。市场启动是指通过吸引初期用户、投资者和合作伙伴来建立市场，以实现新兴产业的初步增长。市场启动不仅依靠在位企业，也离不开新创企业的参与。新创企业通常具有灵活性和创新性，可以更容易地适应市场变化，试验新的商业模式，并吸引初期用户。这些新创公司可能会成为新兴产业的领先者，推动市场的增长。市场启动需要资本投入，以支持初期的产品开发、市场营销和基础设施建设。投资者和风险资本家通常会寻找有潜力的新兴产业，并提供融资支持，以帮助这些产业实现市场启动。与传统产业不同的是，新兴产业需要进行市场教育，向潜在用户介绍新的产品或服务，并建立品牌知名度。这需要在市场启动时设计有效的市场推广和营销策略，以确保新兴产业能够被市场接受。因此，市场启动是新兴产业发展的关键，它需要多方合作，包括新创公司、投资者、政府和市场参与者的共同努力。成功的市场启动可以为新兴产业奠定坚实的基础，推动其持续增长和发展。同时，市场启动也可以创造就业机会，促进经济增长，对社会产生积极影响。

三 可持续发展与社会影响的视角

新兴产业的发展不能够仅仅追求经济绩效，还需要平衡可持续发展。因此，学者从可持续发展与社会影响的视角也提出了众多的研究结论。学者认为，新兴产业的可持续发展应该以综合经济、生态和社会三方面的效益为核心，实现这三者的均衡发展，确保经济活动既具备生态合理性又能促进当前和未来的公平性。

首先，新兴产业应该与经济系统的可持续发展相协调，这可以通过产业创新来推动经济的持续增长。特别值得关注的是新能源和新材料等领域的产业发展，这有助于提高资源的有效利用，应对人口增长和资源短缺等挑战，从而提升人们的生活质量。然而，在追求经济增长的同时，也必须认真考虑自然资源的合理配置、可持续开发以及环境保护，以确保提供可持续发展所需的生态环境和资源基础。这意味着产业发展必须符合生态合理性的原则，不仅要追求经济效益，还要确保对自然环境的尊重和保护，以满足当前和未来世代的需求。因此，综合考虑这些方面，新兴产业的可持续发展是一项综合性的任务，需要在经济、生态和社会之间取得平衡，以实现可持续发展的目标。这需要政府、企业和社会各界的共同努力，以确保产业的发展不仅能够创造财富，还能够保护环境、提高生活质量，实现经济、生态和社会效益的统一。

其次,新兴产业的发展应与生态系统相互促进、共同发展,不能以生态平衡的牺牲为代价实现经济效益,必须确保自然、经济和社会三者之间的协调有序发展,这需要采取一系列综合措施和策略。第一,产业应致力于生态敏感型创新,采用清洁生产技术、可再生能源和循环经济等生态友好技术,以减少对生态系统的负面影响。第二,发展新兴产业必须伴随着生态系统的恢复和保护,包括生态修复和生物多样性保育措施,以确保生态系统的稳定和多样性。在项目规划和实施中,进行全面的生态风险评估是必要的,以识别潜在的生态风险并采取措施来降低不利影响。第三,建立生态合作与伙伴关系,与环保组织、政府机构和社区合作,共同推动可持续发展目标。绿色供应链管理是关键,通过选择环保供应商和采购环保材料,减少对生态系统的压力,并将可持续做法传递到整个产业链。第四,提高从业者和消费者的生态意识至关重要,通过教育和宣传,促使人们更好地理解生态系统的价值,鼓励采取可持续的行动。这种综合方法有助于实现新兴产业的可持续发展,确保经济增长与生态系统的健康相协调,从而实现可持续的繁荣,同时保护生态系统的稳定和生物多样性。

最后,可持续发展的核心理念旨在实现当前需求的满足,同时确保不损害未来世代满足自身需求的能力,以此构建一个持久而和谐的社会与自然关系。因此,新兴产业的可持续发展除了环境因素,还涵盖多个重要层面。社会方面考虑了公平、包容和公正,确保新兴产业的发展不会加剧社会不平等,促进就业和生活水平提高,包括维护工人的权益和工作环境。此外,社会可持续性还强调社区的参与和福祉,确保新兴产业对当地社区有积极影响。经济可持续性要求新兴产业不仅创造就业和经济增长,还要具备长期竞争力,通过创新、提高效率、支持中小型企业和多元化产业来实现经济的稳健增长。文化方面关注文化的保护和尊重,包括本土文化、文化多样性和历史遗产的传承,以确保新兴产业的发展不侵犯文化权益或破坏文化遗产。健康方面着重工人的健康和安全、产品和服务的质量和安全,以及提供清洁的生活环境和可持续的食品供应,以维护人类的健康。总之,新兴产业的可持续发展综合考虑了环境、社会、经济、文化和健康等多个方面，确保其发展不仅稳固和具有竞争力，还有助于社会和经济的全面提升，同时保护环境和文化遗产，提高人们的生活质量。

第四节　各国政策与新兴产业的发展

一　美国的新兴产业政策

美国在支持新兴产业发展方面采取了多项政策和举措。首先，政府通过国家科学基金会（NSF）和国家卫生研究院（NIH）等机构提供大量资金来支持基础研究和应用研究，同时实行研发税收抵免政策，鼓励企业增加研发投入。其次，美国设立了多个创业孵化器，如硅谷和波士顿等地，为新创企业提供办公空间和资源，并通过风险投资和小企业贷款计划等方式支持它们的融资需求。在教育和技能培训方面，美国鼓励将自然科学、IT科技、工程学和数学组合在一起的STEM教育，并通过政府和私人部门的资助提供相关教育和培训，同时支持技工教育以培养高技能劳动力。在知识产权和法规方面，美国政府致力于保护知识产权，确保创新者受到适当的法律保护，并采取放宽法规的措施以促进新技术和创新的市场适应。此外，美国政府还积极降低市场准入障碍，鼓励外国投资和国际贸易，并参与国际科研和创新项目，与其他国家合作分享最佳实践。这些政策和举措共同构成了美国在新兴产业领域的支持体系，促进了创新和产业发展（赵刚、林源园、程建润，2010）。

2011年和2015年，美国政府分别发布了两个创新战略文件——《美国的创新战略：确保美国的经济增长和繁荣》与《美国创新新战略》。其核心理念是构筑"创新金字塔"，着重强调创新对美国竞争力的关键作用以及创造一个有利于创新的生态系统（宋河发、张思重，2014；徐占忱、程璐，2017）。

二　欧洲国家的新兴产业政策

欧盟实施了一系列支持措施，旨在促进新兴产业的研究与创新活动。通过设立"欧洲研究理事会"（ERC）和"欧洲创新委员会"（EIC）等机构，欧盟不仅提供了研发资金，还促进了国际的合作与共同研究。此外，欧盟为新创企业提供了包括孵化器、风险投资及财务支持等多种创业援助，以加速创新型企业的成长。在教育和技能提升方面，欧盟推广 STEM 教育及数字技术培训，致力于培育科技与数字领域的专才。加强知识产权的保护和制定相应的法规也是欧盟推动数字化和绿色技术发展的策略之一。通过欧洲单一市场，欧盟还激励了跨国的贸易和投资，并积极参与全球的科研合作及创新项目。一些特定倡议，例如数字欧洲计划、欧洲青年创业倡议以及欧洲绿色新政，都是为了促进新兴产业的持续发展和创新。这些综合性的措施有助于欧洲在新兴产业领域保持竞争力并促进未来的经济增长。

2017 年，英国政府发布了《产业战略：建立适应未来的英国》白皮书，确定了四个关键发展领域，包括人工智能和数据驱动、环境可持续增长、未来交通系统和应对人口老龄化的策略。为此，政府设立了产业战略挑战基金，专门用于这四大领域的投资。2019 年，英国工程和物理科学研究委员会进一步成立了 13 个专注于未来制造业的研究中心。这些中心成立的主要目的是促进初期研究成果的商业应用，加速新技术和商业模式在制造业的推广（周波等，2021）。

三　亚洲国家的新兴产业政策

日本政府积极采取措施支持新兴产业的研究与发展。多个部门提供了针对关键技术领域的研究资金。政府还鼓励大型企业与新兴企业之间的合作，促进技术革新。为了支持创业生态，日本建立了多个孵化器和加速器，为新创企业提供必要的资源和资金，包括风险投资与各种创新基金。在教育方面，政府推广 STEM 教育，旨在培养未来的科技和工程人才，并通过专业技能培训提升劳动力市场的技能水平。在知识产权保护方面，日本加大了法律框架和执法力度，保障创新成果的专利权。同时，政府也在努力简化技术创新的法规，以便更快速地采纳新技术。在全球层面上，日本政府积极与其他国家合作分享技术成果，通过降低市场准入障碍来吸引外资和增强国际贸易。通过设立日本科学振兴机构、实施战略创新促进计划，日本为其新兴产业的成长和创新创造了有利条件,确保了其在全球市场的竞争力及其未来经济的持续增长(周波等,2021)。

在亚洲,除了日本,韩国政府也大力支持新兴产业的研发和创新,采取了一系列政策和措施来推动科技与产业的进步。首先,韩国科学技术振兴院(KISTEP)和韩国中小企业振兴公社(SBC)等机构提供了大量资金,专门用于新兴产业的基础和应用研究项目,同时设立专项计划,鼓励高风险、高回报的创新项目。其次,政府积极构建创新生态系统,包括设立创业孵化器和创新中心,为新创企业提供资源和支持,并促进大企业与新创企业之间的合作,推动技术创新和知识共享。再次,韩国政府重视 STEM 教育,通过各级政府和学校系统提供科学、技术、工程和数学领域的教育和培训,并支持技工教育,以满足新兴产业的需求。在知识产权保护方面,政府加强了相关法律和执法,简化审批流程,减少法规限制,以促进新技术和创新的市场适应。最后,韩国政府积极参与国际科研和创新项目,降低市场准入壁垒,吸引外国投资和国际贸易,与其他国家分享最佳实践,促进技术和经验的跨国交流。这些综合性政策和措施帮助韩国在新兴产业领域保持竞争力,促进了未来的经济增长和科技发展(周波等,2021)。

四 新兴产业未来发展趋势

新兴产业经过近十多年的快速发展,在全球各国都取得了丰硕的进展。新兴产业更加强调研发、生产和组织创新。这些趋势在未来将为全球经济和社会带来深刻的变革。

首先,未来新兴产业的发展将主要集中在人工智能、生物技术和新能源等领域。人工智能与机器学习技术将在智能制造、自动驾驶和智能服务等方面发挥重要作用,显著提升生产效率和服务质量。生物技术将通过基因编辑、数字医疗和生物制药等手段,推动精准医疗和健康管理的进步。与此同时,可再生能源和储能技术的创新将推动能源结构的绿色转型,环保技术的发展将促进环境保护和可持续发展。

其次,新兴产业的发展也将成为推动传统产业转型升级的重要动力。传统制造企业通过引入人工智能、物联网和自动化技术,可以实现生产流程的优化和智能化，从而提高竞争力。生物技术和健康产业的崛起，为医药和医疗器械行业带来创新动力，推动了从传统治疗向精准医疗和个性化健康管理的转型。新能源与环保技术的发展，引导传统能源产业向绿色、可持续方向转型，减少对化石能源的依赖，提高能源利用效率，同时促进污染治理和资源的可持续利用。

最后，全球经济竞争的加剧，使越来越多的国家开始强调技术创新，以及研发模式、生产方式、业务模式和组织结构的革新。各国政府和企业加大了对科研和技术开发的投入，推动产学研一体化的发展模式。这种模式不仅加快了科技成果的转化和应用，也为新兴产业的发展提供了坚实基础。通过引入智能制造和绿色生产方式，企业显著提高了生产效率和产品质量，减少了资源消耗和环境污染。业务模式的数字化转型、组织结构的扁平化和灵活管理，使企业更快速地响应市场需求和技术变革，推动了全球产业结构的深刻变革，为各国经济的发展注入了新的动力（周波等，2021）。

第三章　中国战略性新兴产业政策决策理论铺垫

第一节　中国战略性新兴产业发展概述

一　中国战略性新兴产业确立大事记

《国务院关于加快培育和发展战略性新兴产业的决定》明确提出，战略性新兴产业是以重大技术突破和重大发展需求为基础，对经济社会全局和长远发展具有重大引领带动作用，知识技术密集、物质资源消耗少、成长潜力大、综合效益好的产业。这一定义囊括了新兴科技、新兴产业、战略性三个核心概念。作为新兴科技和新兴产业的一个深度结合，战略性新兴产业将引领和推动新一轮的产业革命，通过不断的创新与发展，最终成长为战略性支柱产业。

2009年9月，国务院主持召开了三次针对战略性新兴产业发展的座谈会。这些会议汇聚了来自中国科学院和工程院的47位院士、大学教授、科研专家以及企业和行业协会的负责人，他们就新能源、节能环保、电动汽车、新材料、新医药、生物育种和信息产业等领域，在战略方向、技术路径、发展布局、科研攻关和政策支持等方面进行了深入讨论，并提出了意见和建议。会议强调，推动战略性新兴产业发展是中国面对当前挑战和长远发展的重要战略选择，选择和发展这些产业应具有国际视野和战略思维（王树华、范玮、孙克强，2010）。

2009年11月3日，中国提出了七个以科技引领的战略性新兴产业，包括新能源、新材料、信息网络、新医药、生物育种、节能环保

第三章 中国战略性新兴产业政策决策理论铺垫

和新能源汽车。同年 12 月，中央政府表示，"下半年，我们开始考虑对产业的科技支撑，着手研究培育新的经济增长点，特别是战略性新兴产业"，"占领新兴产业的制高点才真正决定着一个国家的未来"（中国政府网，2009）。

2010 年 2 月 20 日，国家发展改革委宣布，由其牵头，科技部、工业和信息化部、财政部等 20 个部门或单位负责人组成的加快培育战略性新兴产业研究部际协调小组已经成立，并正式启动了加快培育战略性新兴产业发展思路的研究工作。与此同时，《国务院关于加快培育战略性新兴产业的决定》和《"十二五"国家战略性新兴产业发展规划》也启动了起草工作（王树华、范玮、孙克强，2010）。

2010 年 3 月 5 日，党的十一届全国人大三次会议在北京召开。政府工作报告指出：大力培育战略性新兴产业。这包括新能源、新材料、节能环保技术、生物医药、信息网络以及高端制造等关键领域。同时，积极推动新能源汽车的发展，加速"三网"（电信网、广播电视网和互联网）的融合进程，并快速推进物联网技术的研发与应用。通过增强对这些领域的资金投入和政策支持，可以有效抓住发展机遇，明确发展重点，从而为国家的未来奠定坚实基础。

2010 年 9 月 8 日，国务院常务会议审议并原则通过《国务院加快培育和发展战略性新兴产业的决定》。同年 10 月 18 日，国务院办公厅下发了 9 月 8 日国务院常务会议通过的《国务院加快培育和发展战略性新兴产业的决定》。该文件明确了现阶段战略性新兴产业发展的七个重点产业，包括节能环保、新一代信息技术、生物、高端装备制造、新能源、新材料和新能源汽车。国家将积极培育市场、营造良好市场环境，深化国际合作，加大财税金融等方面的政策扶持力度，引导和鼓励社会资金投入。该文件还提出到 2015 年，战略性新兴产业要形成健康发展、协调推进的基本格局，对产业结构升级的推动作用显著增强，增加值占国内生产总值的比重力争达到 8% 左右。到 2020 年，战略性新兴产业增加值占国内生产总值的比重力争达到 15% 左右，吸纳、带动就业能力显著提高。节能环保、新一代信息技术、生物、高端装备制造产业成为国民经济的支柱产业，新能源、新材料、新能源汽车产业成为国民经济的先导产业；创新能力大幅提升，掌握一批关键核心技术，在局部领域达到世界领先水平；形成一批具有国际影响力的大企业和一批创新活力旺盛的中小企业；建成一批产业链完善、创新能力强、特色鲜明的战略性新兴产业集聚区。

经过十余年的快速发展，中国的战略性新兴产业取得了令人瞩目的成绩，企业规模不断壮大，截至2023年9月，战略性新兴产业的企业总数已突破200万家。其中，生物产业、相关服务业和新一代信息技术产业的企业占比最多，分别为25%、19%和17%。

习近平总书记强调，战略性新兴产业是引领未来发展的新支柱和新赛道，要推动其成为经济高质量发展的重要支撑。习近平总书记强调创新驱动，要求各地勇于开辟新领域、新赛道，以新技术培育新产业，提升竞争优势。在习近平总书记的指引下，各级政府加大支持力度，推动产业集群发展和专项行动布局，取得了显著成果，例如，中国电动载人汽车、太阳能电池、锂电池"新三样"产品，2023年合计出口同比增长61.6%，拉动整体出口同比增长1.8个百分点，不断提升了中国战略性新兴产业的国际竞争力。

2023年9月，习近平总书记首次提出新质生产力。新质生产力涉及领域新技术含量高，代表着生产力的跃迁。新质生产力的主要领域是战略性新兴产业和未来产业。新质生产力概念的提出，为中国战略性新兴产业发展指明了新的方向，是对战略性新兴产业发展规律认识的再深化。战略性新兴产业的发展不仅仅是产业体系的升级，更是一场深刻的生产力革命（中国发展改革报社，2024）。

二 中国战略性新兴产业构成

"十三五"时期，战略性新兴产业增加值增速明显高于规模以上工业增加值增速，成为培育壮大新增长点、加快新旧动能转换、构建新发展格局的重要动力源。"十四五"时期，随着中国科技创新水平持续提高，战略性新兴产业将保持良好发展势头，推动产业转型升级和经济高质量发展（谭峰，2023）。

从战略地位看，战略性新兴产业的选择和发展强调国际视野和战略思维，最重要的选择标准包括：一是产品要有稳定并有发展前景的市场需求；二是要有良好的经济技术效益；三是要能带动一批产业的兴起。因此，国务院颁布的《国务院关于加快培育和发展战略性新兴产业的决定》中，将以下七大产业定为战略性新兴产业的重点目标和主要方向（曹明贵，2012）。

（1）节能环保产业。重点开发推广高效节能技术装备及产品，实现重点领域关键技术突破，带动能效整体水平的提高。加快资源循环利用关键共性技术研发和产业化示范，提高资源综合利用水平和再制造产业化水平。示范推广先进环保技术装备及产品，提升污染防治水平。推进市场化节能环保服务体系建设。加快建立以先进技术为支撑的废旧商品回收利用体系，积极推进煤炭清洁利用、海水综合利用。

（2）新一代信息技术。加快建设宽带、数字、融合、安全的信息网络基础设施，推动新一代移动通信、下一代互联网核心设备和智能终端的研发及产业化，加快推进三网融合，促进物联网、云计算的研发和示范应用。着力发展集成电路、新型显示、高端软件、高端服务器等核心基础产业。提升软件服务、网络增值服务等信息服务能力，加快重要基础设施智能化改造。大力发展数字虚拟等技术，促进文化创意产业发展。

（3）生物产业。大力发展用于重大疾病防治的生物技术药物、新型疫苗和诊断试剂、化学药物、现代中药等创新药物大品种，提升生物医药产业水平。加快先进医疗设备、医用材料等生物医学工程产品的研发和产业化，促进规模化发展。着力培育生物育种产业，积极推广绿色农用生物产品，促进生物农业加快发展。推进生物制造关键技术开发、示范与应用。加快海洋生物技术及产品的研发和产业化。

（4）高端装备制造业。重点发展以干支线飞机和通用飞机为主的航空装备，做大做强航空产业。积极推进空间基础设施建设，促进卫星及其应用产业发展。依托客运专线和城市轨道交通等重点工程建设，大力发展轨道交通装备。面向海洋资源开发，大力发展海洋工程装备。强化基础配套能力，积极发展以数字化、柔性化及系统集成技术为核心的智能制造装备。

（5）新能源产业。积极研发新一代核能技术和先进反应堆，发展核能产业。加快太阳能热利用技术推广应用，开拓多元化的太阳能光伏光热发电市场。提高风电技术装备水平，有序推进风电规模化发展，加快适应新能源发展的智能电网及运行体系建设。因地制宜开发利用生物质能。

（6）新材料产业。大力发展稀土功能材料、高性能膜材料、特种玻璃、功能陶瓷、半导体照明材料等新型功能材料。积极发展高品质特殊钢、新型合金材料、工程塑料等先进结构材料。提升碳纤维、芳纶、超高分子量聚乙烯纤维等高性能纤维及其复合材料发展水平。开展纳米、超导、智能等共性基础材料研究。

（7）新能源汽车。着力突破动力电池、驱动电机和电子控制领域关键核心技术，推进插电式混合动力汽车、纯电动汽车推广应用和产业化。同时，开展燃料电池汽车相关前沿技术研发，大力推进高能效、低排放节能汽车发展。

战略性新兴产业作为经济高质量发展的新支柱，正经历快速发展和系统性推进。2023年的中央经济工作会议提出2024年的重点工作包括加快推动人工智能发展，发展数字经济，打造生物制造、商业航天、低空经济等战略性新兴产业，开辟量子和生命科学等未来产业新赛道，以及广泛应用数智和绿色技术，加快传统产业转型升级。

各部门也相继部署2024年重点工作，加快培育战略性新兴产业。国家发展改革委强调推动新旧动能转换，培育战略性新兴产业集群，推动数字经济和科技创新引领的现代化产业体系建设。工业和信息化部则启动智能网联汽车试点，推进北斗和卫星互联网的发展，壮大新能源、新材料、高端装备、生物医药等战略性新兴产业。

未来，科技创新将处于更加重要的位置，战略性新兴产业将继续引领产业体系的现代化升级，信息技术、数字技术、智能技术和绿色低碳技术的突破和应用将带来经济社会的变革。产业集群和生态建设将受到更多重视，战略性新兴产业的国际化发展能力也将持续增强（中国发展改革报社，2024）。

三 中国战略性新兴产业发展的特点

《国务院关于加快培育和发展战略性新兴产业的决定》也为中国

战略性新兴产业的发展指明了发力点。

(一) 强化科技创新,提升产业核心竞争力

为了培育和发展战略性新兴产业,增强自主创新能力成为至关重要的目标。国家通过一系列战略措施,旨在提升产业核心竞争力和创新能力。这些措施包括加强对关键核心技术和前沿技术的研究,尤其是在与战略性新兴产业密切相关的领域如生物技术、信息科技、航空航天、海洋科学和地球探索等领域。同时,国家鼓励企业增强自身的研发能力,通过组织产业技术创新联盟,促进企业之间的合作与技术共享,以提升整个产业的创新水平。此外,加强人才引进与培养也是国家政策的重点,通过改革人才培养模式,并建立企业、高校和科研机构间的人才流动机制,吸引并培养各类人才,包括创新型和技能型人才。为了加速产业的规模化发展,国家还实施了重大产业创新发展工程,选择具有潜力的关键领域进行技术和资源整合,推动关键技术的突破。建设产业创新支撑体系,发展高技术服务业和商务服务业,也是提升产业创新能力的关键措施之一。推动科技成果的产业化和区域经济的集聚发展也是政策的重点,通过完善科技成果转化机制和培育产业集聚区,打造示范基地,促进区域经济的全面提升。这些措施共同构成了国家在推动战略性新兴产业发展中的综合策略。

(二) 积极培育市场,营造良好市场环境

为了最大限度地发挥市场的基础性作用,激发企业的积极性,以及确保各类企业能够健康发展,国家采取了一系列措施加强基础设施建设和市场规范化。

首先,通过实施重大应用示范工程,国家在初期产业化阶段的关键技术和产品领域,如全民健康、绿色发展和智能制造,鼓励市场消费模式的转变和新兴市场需求的培育,从而推动相关产业的快速发展。其次,政府支持市场拓展和商业模式创新,强化市场基础设施建设,如新能源汽车充电网络,以满足市场需求并促进消费结构升级。最后,政府还积极推动建立行业标准和产品技术标准体系,并优化市场准入审批程序,这些举措旨在降低市场准入壁垒,提供更有利的市场环境。这些策略的综合实施,不仅增强了企业的创新能力和市场竞

争力，也为战略性新兴产业的健康发展奠定了坚实的基础。

（三）深化国际合作，提高国际化发展水平

为了加强中国自主发展能力和核心竞争力，国家在关键核心技术领域深化国际合作，快速获取必要的知识和资源。这包括鼓励外国企业和科研机构在中国设立研发中心，支持国内外企业和研究机构的合作，并推动全球研发服务外包。国家还积极参与国际标准的制定，以确保在全球标准制定中扮演积极角色。同时，国家通过改进外商投资产业指导目录，鼓励外资在中国战略性新兴产业中设立投资企业，支持企业的境外投资，并改进审批程序，提供必要的外汇支持，以便企业可以更自由地进行国际投融资活动。此外，通过完善出口信贷和保险政策，国家支持战略性新兴产业的产品、技术和服务在国际市场上的推广，并帮助企业培育国际化品牌，通过注册境外商标和收购实现国际化。国家还加强了企业产品的国际认证合作，确保其在国际市场上具有竞争力。

通过这些综合措施，国家不仅促进了科技和产业的国际合作，还有助于提升中国企业的国际竞争力和影响力，从而支持国家战略性新兴产业的全面发展和国际化进程。

（四）加大金融政策扶持力度，引导鼓励社会投入

国家通过强化财政支持、税收激励、金融服务和资本市场的融资功能，积极推动战略性新兴产业的发展。首先，政府设立了专项资金，用于支持关键技术研发和产业创新，同时优化了资金支持方式，加强在高效节能产品和资源循环利用产品等领域的引导。此外，政府还改进了科技投入和成果转化的税收政策，研究并制定了更具针对性的税收支持措施，以激励创新和引导投资。其次，国家鼓励金融机构提供信贷支持，建立适应性的信贷管理和贷款评审制度，推动金融产品创新如知识产权质押融资和产业链融资，并通过政府的风险补偿政策促进金融机构支持新兴产业。政府还致力于完善资本市场的融资功能，支持企业通过创业板市场进行上市融资，推进场外交易市场的建设，以满足不同发展阶段企业的融资需求，并加强市场之间的转板机制，发展债券市场，扩大中小企业债券和集合票据的发行。最后，政

府建立并完善了支持创业投资和股权投资的政策与监管体系，扩大政府在新兴产业创业投资方面的规模，鼓励私人和民间资本积极参与。这些综合措施不仅加强了新兴产业的核心竞争力，还为企业提供了一个支持性的政策环境，促进了科技创新和产业升级。

（五）推进体制机制创新，加强组织领导

加速培育和促进战略性新兴产业的发展是中国当前经济社会发展的重要战略任务。为实现这一目标，国家鼓励改革创新，并加强组织领导和协调，以便为战略性新兴产业的壮大提供动力和条件。

首先，深化关键领域的改革，包括建立价格形成机制和税费调节机制，推动新能源和资源性产品领域的改革，引入新能源配额制度和生产者责任延伸制度，促进创新药物的发展和环境保护，完善污染物和碳排放交易制度，加快电力体制和空域管理体制的改革，以提升能源和航空等领域的效率和竞争力。

其次，强化宏观规划和引导，制定国家战略性新兴产业发展规划和相关专项规划，确保政策和规划之间的协调一致。通过监测和调查，实时掌握产业发展状况，为政策决策提供数据支持，并优化区域布局，发挥各地区的比较优势，确保发展方向的一致性，避免资源浪费。

最后，加强组织协调，建立由国家发展改革委领导的跨部门协调机制，确保政府各部门之间的紧密合作，提高政策执行力，从而推动战略性新兴产业的发展，促进国家经济的高质量增长。这些措施共同构成了国家在关键技术和战略性新兴产业发展方面的策略，展示了政府推动经济现代化和可持续发展的决心和能力。

第二节　战略性新兴产业理论铺垫

研究战略性新兴产业涉及多个学科和理论框架，通常涵盖经济、技术、社会和政策等多个方面，可以分别从宏观、中观以及微观视角进行讨论。不同层面的理论提供了不同的分析角度和工具，有助于深入研究战略性新兴产业及其相关问题。

一 宏观层面与战略性新兴产业相关的理论

从宏观层面来看,与战略性新兴产业相关的理论主要包括经济增长理论和产业政策理论。

(一) 经济增长理论

经济学家和政策制定者普遍强调创新和技术进步对整体经济增长的重要性(Spencer, Murtha and Lenway, 2005)。这一共识反映了对于这两个因素在塑造现代经济的关键作用的广泛认同。

第一,创新和技术进步对经济增长的重要性体现在其对生产率的积极影响。技术的不断进步以及创新的引入,通常能够提高生产力,使同样的资源和劳动力可以创造更多的价值。这种生产率的增长被认为是支持整体经济增长的主要动力之一。

第二,创新和技术进步也带来了新产品和新服务的创造。通过不断推陈出新,企业可以满足不断变化的消费者需求,打开新市场,促进需求的增长。这不仅创造了商业机会,还加强了市场竞争,有助于推动整体经济的扩张。

第三,创新和技术进步赋予企业和国家竞争优势。通过投资研发和创新,企业可以开发出独特的产品或服务,从而在全球市场上具备竞争力。这种竞争优势不仅有助于企业的增长,还有助于国家的经济繁荣。

第四,创新和技术进步创造了更多的就业机会。新兴技术的应用通常需要拥有相关技能和知识的劳动力,创新不仅催生了众多高技能工作岗位,还带来了研发领域等一系列多元化的职位。这种发展态势对于缓解失业压力、优化劳动力市场结构具有显著作用,有助于实现更加稳健和可持续的经济发展。

第五,创新和技术进步还对经济的长期可持续性产生积极影响。它们使企业能够更好地适应市场的变化和新的挑战,有助于经济在长期内保持竞争力和弹性。为了支持创新和技术进步,政府采取了一系列政策措施,包括资金支持、知识产权保护、市场准入和税收政策等。

综上所述，创新和技术进步对整体经济增长具有至关重要的作用。它们通过提高生产率、创造新需求、赋予竞争优势、创造就业机会和增强经济的长期可持续性，为现代经济的繁荣做出重要贡献。政策制定者和经济学家都强调创新和技术进步在经济增长中的重要性，并将其作为制定国家和企业战略的核心因素之一。

（二）产业政策理论

政府在战略性新兴产业的成长过程中扮演着至关重要的角色，颁布和实施的政策对于塑造新兴产业的竞争格局、推动技术创新和确保可持续增长具有深远的影响（Spencer，Murtha and Lenway，2005）。

第一，政府的产业政策是支持战略性新兴产业的核心。通过识别具有潜力的新兴产业，并为其提供战略性的支持和引导，政府可以创造有利的生态系统，促进企业的发展和竞争力。这包括制定产业发展计划、提供财政激励措施、降低市场准入壁垒等政策手段。产业政策的制定需要考虑产业的特定需求和挑战，以确保政策的针对性和有效性。

第二，政府在贸易政策方面也能够直接影响战略性新兴产业。通过开放市场和促进国际贸易，政府可以为战略性新兴产业提供更广阔的市场和机会，促进其成长。同时，政府还可以采取贸易政策措施，以应对国际竞争和确保国内企业的竞争力。

第三，政府通过构建完善的法律框架，为知识产权提供强有力的保护，从而激发创新与技术进步的动力。研究表明，一个健全的知识产权制度能够有效地鼓励企业加大在研发和创新方面的投入，因为企业深知其创新成果将受到法律的严格保护，从而避免了创新成果被不当利用的风险。因此，政府加强知识产权保护不仅有助于提升企业的创新积极性，也为整个社会的科技进步和经济发展奠定了坚实的基础。

第四，政府还可以通过研发资金的投入来支持战略性新兴产业的创新。政府可以提供补助金、研发合同和研究资助等方式，帮助企业加大研发投入，推动技术进步。这种政府支持有助于战略性新兴产业在技术领域取得竞争优势，并在全球市场上获得更多机会。

第五，政府在战略性新兴产业的可持续发展方面扮演了引导和监管的角色。政府可以通过环保政策、社会责任要求和可持续性标准来确保战略性新兴产业在发展过程中不会对环境和社会造成负面影响。这有助于战略性新兴产业建立可持续的业务模式，满足未来的需求。

总之，政府的政策决策与实施对战略性新兴产业的发展至关重要。政府的产业政策、贸易政策、知识产权政策、研发支持和可持续发展政策等方面的举措，直接影响着战略性新兴产业的竞争力、创新能力和可持续性。政府需要制定综合性、定制化的政策框架，以确保战略性新兴产业的成长，为经济增长和社会进步作出贡献。

二 中观层面与战略性新兴产业相关的理论

（一）创新生态系统理论

创新生态系统理论在研究战略性新兴产业方面具有重要价值，强调多方合作、资源共享、社交资本和政策支持等因素对战略性新兴产业的发展和生态系统内各方之间的相互作用的关键性作用。

首先，生态系统的多样性和复杂性是该理论的核心特征。战略性新兴产业的生态系统通常由各种不同类型的参与者组成，包括新创企业、大公司、研究机构、投资者和政府等。这种多样性为创新提供了丰富的资源和观点，促进了战略性新兴产业的多维度发展。生态系统的复杂性使不同参与者之间的互动变得更加有趣和具有挑战性，有助于激发创新和推动战略性新兴产业的增长。

其次，合作与竞争的平衡是创新生态系统理论的要点。生态系统内的各方既竞争又合作，新创企业和大公司可能在某些领域竞争市场份额，但同时也在其他领域合作，以共同推动创新。这种平衡有助于加速新技术和创新的发展，从而增强新兴产业的竞争力。在这种竞合关系中，不同实体可以互相学习和受益，促进了全球新兴产业的繁荣。

最后，政府和政策的作用在创新生态系统理论中占有重要地位。政府通过政策制定、资金支持和市场准入等方式可以积极参与并引导创新生态系统的发展。政府的政策举措可以鼓励创新投资、知识产权保护和市场竞争，有助于提供有利于战略性新兴产业成长的环境。政府还可以促进不同组织之间的合作，推动研发和技术转移，从而加速创新。

综上所述，创新生态系统理论为我们提供了深刻的理解，有助于研究战略性新兴产业的发展和生态系统内各方之间的相互作用。多样性和复杂性、竞合关系、资源共享、社交资本、政策支持等因素共同塑造了战略性新兴产业的发展轨迹。通过运用这一理论框架，研究者和政策制定者可以更好地促进战略性新兴产业的成功和可持续发展，推动创新和经济增长。创新生态系统理论不仅关注战略性新兴产业内部的合作伙伴关系和资源共享，还强调了战略性新兴产业与其他相关领域和国际市场的联系，为全球产业生态的繁荣提供了重要参考。

（二）技术扩散理论

技术扩散理论探讨了新技术在市场中的传播和采纳过程，这一过程为研究战略性新兴产业中技术采纳与应用提供了有力的理论基础。

首先，技术扩散通常是一个逐渐的过程，新技术不会立即在市场上得到广泛采纳，它的传播需要时间（王珊珊、王宏起，2012）。战略性新兴产业往往是技术创新的热点，因此理解技术扩散的逐步性对于这些产业的参与者至关重要。企业需要耐心等待市场接受新技术，同时积极参与推广和教育活动。

其次，技术扩散的速度和方式受到采纳者的异质性影响。不同的组织和个体在采纳新技术方面具有不同的速度和意愿（陈劲、魏诗洋、陈艺超，2008）。一些早期采纳者可能更愿意尝试新技术，而其他人可能更保守，需要更多的信息和证据来进行决策。因此，在战略性新兴产业中，了解采纳者的多样性，以制定定制化的推广策略至关重要。

最后，社交因素在技术扩散中发挥着重要作用。口碑、社交网络和信息来源都可以影响个体和组织对新技术的看法和决策。通过社交影响，积极的用户体验和好评可以促使更多的人采纳新技术。因此，在战略性新兴产业中，建立积极的社交网络和口碑可以加速技术扩散，有利于新技术的市场渗透（张诚、林晓，2009）。

总之，技术扩散理论为我们提供了关于新技术传播和采纳过程的深刻见解，特别适用于战略性新兴产业的研究和实践。了解技术扩散的渐进性、采纳者的异质性和社交因素的影响，有助于企业、政策制定者和研究者更好地应对新技术的市场挑战和机遇。通过精细的技术扩散策略，战略性新兴产业可以更有效地推广创新技术，实现可持续增长和竞争力提升。

（三）产业生命周期理论

产业生命周期理论是一种重要的理论框架，用于探讨不同产业从成长到衰退的不同阶段，以及在这些不同阶段可能采取的策略（Abernathy and Clark，1985）。在战略性新兴产业研究中，这一理论有助于分析和预测战略性新兴产业的发展趋势、阶段性特征以及可能面临的挑战。

首先，产业生命周期理论被用来划分战略性新兴产业的不同发展阶段。学者提出新兴产业经历初创期、成长期、成熟期和衰退期等不同阶段（Klepper，1996）。这有助于研究者和决策者更好地了解战略性新兴产业当前所处的发展阶段，并采取相应的战略举措。在初创期，企业可能需要侧重于创新和市场渗透；而在成熟期，重点可能转向降低成本和提高效率。

其次，产业生命周期理论强调了不同阶段的创新和竞争力。研究表明，在新兴产业的初创期和成长期，创新是推动产业增长和竞争力的关键因素。在初创期，企业通常会投入大量资源进行研发和创新，以建立市场地位。随着产业进入成熟期，竞争加剧，企业可能需要提高生产效率和降低成本，同时寻找新的市场机会。这一理论结果同样适用于战略性新兴产业。

再次，政府和政策制定者可以利用产业生命周期理论来确定何时以及如何提供支持战略性新兴产业的政策（费钟琳、魏巍，2013）。在初创期，政府可能会提供创新资金和税收激励，以促进技术研发和市场拓展。而在成熟期，政策重点可能会转向监管和市场竞争的维护。这种因阶段而异的政策支持有助于战略性新兴产业的可持续发展。

最后，政策决策者可以利用产业生命周期理论来比较不同战略性新兴产业之间的发展情况。通过对比不同产业的生命周期特征，可以确定哪些产业更具潜力、哪些产业可能会面临更多挑战。这有助于资源的合理分配和决策的优化。

综上所述，产业生命周期理论为我们提供了一个有益的理论框架，用于分析和理解战略性新兴产业的发展过程。它帮助我们更好地预测产业的发展趋势、制定相应的战略和政策，以促进经济增长和产业竞争力的提升。通过深入研究和应用产业生命周期理论，我们可以更好地应对战略性新兴产业所面临的挑战和机遇。

三 微观层面与战略性新兴产业相关的理论

（一）创新过程理论

创新过程理论是研究个体企业或组织如何进行创新的关键理论，它对于理解战略性新兴产业的形成和发展过程具有深远的意义。

第一，创新被认为是战略性新兴产业成功发展的主要驱动力之一。在战略性新兴产业中，引入新技术、新产品和新业务模式是推动增长和竞争力的关键因素。企业需要不断进行创新以适应市场需求和变化，因此创新过程理论强调了创新在战略性新兴产业中的重要性。

第二，创新的多样性来源是创新过程理论的重要概念。创新可以有多个不同的来源，包括企业内部的研发、外部合作、学术界的研究以及市场需求等。战略性新兴产业通常涉及多个创新来源的互动，这种多样性有助于产生更具创新性的解决方案和产品。因此，创新过程理论强调需要综合考虑不同的创新来源。

第三，创新过程理论关注技术演进和路径依赖性。新技术往往建立在旧技术的基础上，同时受历史、社会和经济因素的影响。这意味着新兴产业的技术发展受到特定的演进路径和历史背景的制约。理解技术演进和路径依赖性有助于更好地规划创新策略和技术发展。

第四，市场动态和竞争是创新过程理论关注的重要方面。市场反应和竞争环境可以塑造新兴产业的发展方向。企业需要适应市场需求和竞争压力，不断调整创新战略。因此，市场动态和竞争应被视为影响新兴产业的关键因素。

第五，创新管理和组织是创新过程理论的核心内容。成功的创新需要有效的管理和组织，包括研发活动的管理、项目管理、知识管理、知识转移和知识分享等方面。在战略性新兴产业中，跨组织和跨领域的合作和联盟非常重要，因此，创新过程理论强调跨组织的知识交流和合作。企业和政策制定者可以借鉴创新过程理论的观点，更好地规划和管理战略性新兴产业的发展。

综上所述，创新过程理论有助于我们理解战略性新兴产业是如何形成和发展的，以及创新在其中的关键作用。这一理论框架突出了创新的多样性、技术演进、市场竞争和管理组织等方面的重要性，为企业、政策制定者和研究者提供了有益的指导原则。通过深入研究和应用创新过程理论，我们可以更好地推动战略性新兴产业的发展，促进创新和可持续增长。

（二）创新网络理论

创新网络理论在研究个体企业之间的社交网络如何促进知识分享、合作和创新方面提供了深刻的见解（Öberg and Grundstrom，2009）。

首先，创新网络理论强调了企业和组织之间的合作与知识共享。企业通过建立广泛的合作关系，能够获取外部知识和资源，从而推动创新的发生。这种开放性和协作性的态度有助于企业在竞争激烈的市场中更好地适应和创新。

其次，创新网络理论关注社交资本和信任的作用。在网络中建立稳固的社交关系和信任是知识流动和合作的基础。企业和个体之间的信任关系有助于打破信息壁垒，促进知识的分享和合作的实现。这种社交资本的积累对于创新网络的成功至关重要，它促使各方更愿意分享有价值的信息和资源。

最后，创新网络的多样性和异质性对于战略性新兴产业的创新非常关键。这些网络通常包括来自不同领域和背景的参与者，如大型企业、新创企业、研究机构和政府等。这种多样性带来了不同的视角和资源，有助于引入新的创新思维和资源。这种跨领域和跨行业的交叉合作有助于推动战略性新兴产业的创新。

综上所述，创新网络理论为我们提供了深入了解个体企业如何在社交网络中合作、共享知识和推动创新的框架。它凸显了合作、知识共享和社交资本的关键作用，并将这些因素与战略性新兴产业的发展联系在一起。通过理解和应用创新网络理论，政策制定者可以更好地推动战略性新兴产业的创新和可持续发展。这一理论的应用在不断扩展和深化，为战略性新兴产业领域带来更多的洞见和启发。

（三）市场和消费者行为理论

市场需求和消费者行为对于战略性新兴产业的成功至关重要，尤其是本土市场消费升级对中国战略性新兴产业全球价值链升级具有显著的促进作用（吴金龙等，2023）。

首先，政府在制定战略性新兴产业政策时必须深入了解市场需求的动态。通过市场研究和数据分析，政府可以识别出哪些产业具有潜在增长机会，以便有针对性地制定政策支持。这有助于政府避免过度投资或资源浪费，确保政策措施与市场需求相一致。

其次，政府需要深刻理解消费者行为对于战略性新兴产业的影响。消费者的购买偏好、消费习惯和态度对市场的变化和产品创新产生深远影响。政府通过消费者调查和市场研究，获取关于消费者行为的详尽信息，并以此预测市场需求的变化。政府还需要重视消费者教育和信息传递工作，这不仅有助于推动市场增长，还能有效鼓励创新。例如，政府可以通过普及相关知识、提供信息渠道等方式，帮助消费者更好地理解和接受产品或服务，进而提升他们的购买意愿。

最后，政府政策必须与市场需求和消费者行为相协调。政府可以采取刺激需求和创新的政策措施，例如提供奖励、津贴或税收激励，以鼓励消费者购买新兴产业的产品或服务，从而推动市场增长。政府还应考虑降低市场准入壁垒，促进企业参与市场竞争，并灵活调整政策以满足市场需求的变化。总之，市场需求和消费者行为是战略性新兴产业政策成功的关键因素，政府必须密切关注这些因素，以确保产业的可持续增长和竞争力。

综上所述，市场需求和消费者行为对于战略性新兴产业的成功至关重要。政府在制定政策时必须充分了解市场动态，深刻理解消费者行为，确保政策与市场需求和消费者预期相一致。

第三节 政策与决策理论铺垫

一 定义与演变

政策是中国社会和政治生活中一个广泛讨论的概念,它涵盖了众多领域,包括经济、教育、科技等。政策科学的创始人哈罗德·拉斯韦尔与亚伯拉罕·卡普兰将政策定义为"一种含有目标、价值与策略的大型计划"(宁晓玲,2002)。

在现代社会,政策的制定已经经历了从依赖个人经验到基于科学方法和证据的决策的显著演变。这一演变的背景在于社会问题的复杂性增加、专业化需求的提高、数据技术的革命和公众对政府决策的科学性要求的提升。首先,社会问题的复杂性不断增加。现代社会面临着多领域、跨学科的复杂问题,涉及经济、社会、环境等多个层面。这种复杂性要求政府在决策制定时考虑更多的变量和相互关系,使决策变得更加复杂和具有挑战性。传统的依赖个人经验的决策方法已经不再适用于解决这些复杂问题。其次,社会问题的解决需要专业知识和技能。政府在制定政策时需要依赖专业人员来分析和解决问题,特别是在产业政策和创新政策领域,需要深入了解市场趋势、科技创新和产业竞争等专业知识,以制定有效的政策措施。最后,公众对政府决策的科学性要求逐渐提高,希望政策制定建立在科学研究、数据分析和经验教训的基础上。因此,政府在这些领域越来越注重数据驱动的政策制定,积极收集各种数据,包括市场数据、产业绩效指标、科技创新数据等,以更好地了解问题的本质和制定更有针对性的政策措施。政府还越来越重视政策的评估和监测,以确保政策的有效性和可持续性。总之,政府已经从依赖个人经验的决策方法转向了更加科学、数据驱动和透明的决策方式,以更好地解决社会问题、促进产业发展和推动科技创新。这一趋势将继续塑造政府决策的未来,以适应不断变化的社会挑战和机遇。

二 学科建设与发展

决策科学是一门跨学科领域，通过数学、统计学、经济学等方法，研究和开发决策制定的原则和工具，旨在帮助人们更明智地处理各种决策问题。它包括问题建模、多标准决策、风险分析、决策支持系统、多层次决策和决策伦理，应用广泛，有助于提高决策质量和资源利用效率。在现实管理和决策制定中，越来越多的复杂性和不确定性因素需要纳入考虑。政府、企业和组织需要更科学、更系统的方法来处理这些问题。这推动了决策科学的兴起，以满足解决复杂问题的需求。与此同时，计算机技术的飞速发展也起到了关键作用。计算机的出现和普及使大规模的数据分析、复杂模型的构建和优化算法的应用变得可能。这为决策科学提供了实际工具，使其能够更有效地解决各种决策问题。

20世纪50年代，决策分析成为重要的研究领域，强调在决策中考虑风险和不确定性因素。决策分析这一方法提供了一种系统的方式来解决复杂的决策问题。同时，多目标决策方法逐渐崭露头角，帮助决策者在面对多个目标和约束条件时做出权衡和优化决策。

随着计算机技术的迅速发展，决策支持系统（DSS）在20世纪70年代开始出现。DSS利用计算机和软件来提供实时信息和模型分析，以辅助决策过程。决策科学也逐渐演变为一个跨学科领域，涵盖运筹学、统计学、心理学、经济学、计算机科学等多个领域。这种跨学科方法使决策科学能够更全面地解决各种决策问题。

近几十年来，随着大数据和数据科学的兴起，决策科学越来越依赖于数据驱动的方法。数据分析、机器学习和人工智能等技术为决策提供了新的工具和视角，使决策过程更为精确和智能化。

21世纪，决策科学迎来了不断完善的时代。各国政府在面对日益复杂的社会问题时，已将决策科学视为制度建设的核心要素。这一趋势既受到社会经济发展的内在推动，也受益于智库能力的不断提升和科学技术水平的持续提高，为政策制定提供了更坚实的基础。

三 政策与决策在中国的科学化

中国关注决策科学的历史可以追溯到古代，古代中国文化中蕴含了许多关于决策和智慧的思想。《孙子兵法》提出"知己知彼，百战不殆"的原则，强调了信息获取和分析在制定决策方案中的关键作用。《史记·高祖本记》提出"运筹帷幄之中，决胜千里之外"的重要原则，强调了在决策中的战略性思考和计划。此外，古代学者还提出了"兼听则明，偏听则暗"的观点，强调了决策者应该广泛听取各方面的意见和建议，以做出明智的决策（李亚荣，2010）。这些古代智慧的思想和实践在中国古代的军事、政治和社会发展中产生了深远的影响。

随着中国社会和经济的不断发展，对于更科学、更有效的政策制定的需求逐渐增加。进入21世纪，中国政府进一步加强了对决策科学的关注和实践。2012年，习近平总书记在中央经济工作会议上指出，"要健全决策咨询机制，按照服务决策、适度超前原则，建设高质量智库"，特别强调了政府决策的科学性（杨宝强，2016）。2013年，习近平总书记在考察中国科学院时，提出希望中国科学院"率先建成国家高水平科技智库"（万劲波，2014）。这些举措强调了智库在政府决策中的重要作用，加强了决策科学化的进程。

四 政策工具

为了促进经济发展，政府往往会采取某些政策与计划，通过主导或者鼓励的手段来促进产业加速成长。有学者主张政府应对某些战略性新兴产业加以扶持，借助这些产业的成长带动整体工业的起飞（Spencer，Murtha and Lenway，2005）。现实中，科技政策和产业政策的共同目标是促进经济增长、提高国家竞争力和创造更多的就业机会。它们都试图通过支持科技创新来推动产业的发展和升级。在两种政策中，政府都发挥了积极作用，采取一系列政策工具来引导和支持相关活动。这包括资金投入、法规制定、市场激励措施等。Rothwell和Zegveld（1981）指出这些政策工具对科技互动的作用层面可归纳为以下三类。

第一，需求面（Demand）政策。需求面政策侧重刺激市场对技术和创新产品的需求。以市场为导向，政府通过提供对技术的需求，来制定和调整科技发展政策。具体来说，包括：（1）政府采购，即政府可以购买技术创新产品或服务,从而提供市场需求,鼓励企业进行研发和创新;(2)合约研究,即政府可以与企业签订合同,资助它们进行研发项目,以满足政府的特定需求;(3)市场激励措施,即通过提供奖励、补贴或税收优惠等激励措施,政府可以鼓励企业投入更多资源进行创新,以满足市场需求。

第二,供给面(Supply)政策。供给面政策主要关注技术和创新的供给方面,以提高科技研发和应用的能力。其主要是指政府直接投入技术供给的三个因素,包括:(1)财务支持,即政府可以提供资金支持,例如研发资助、科技创新基金等,以鼓励企业进行技术研发;(2)人力资源培训,即投资教育和培训,以提高国内人才的科技水平,从而促进创新;(3)技术支援和公共服务,即政府可以建立研发中心、技术孵化器和技术转移机构,为企业提供技术支持和公共服务,加速技术的转化和应用。

第三,环境面(Environmental)政策。环境面政策是为了创造一个支持创新和科技发展的环境,间接影响科技发展。这包括:(1)加强知识产权保护,通过专利和版权法律保障创新成果;(2)优化税收政策,如提供研发税收抵免,降低企业研发成本;(3)制定科技创新友好的法规和管制,减少不必要的限制,为科技发展创造良好条件。

这些政策工具通常会根据国家的具体情况和发展目标进行调整和优化。政府在制定和执行这些政策时需要谨慎考虑各种因素,以确保其能够有效地推动科技创新、促进产业发展,从而提升国家的竞争力和可持续发展水平。

除此之外,政策决策者还需要审视产业的发展阶段,根据传统的产业生命周期理论,产业的发展主要分为萌芽期、成长期与成熟期。基于上述的理论分析,政府在政策设计上通过考虑产业的生命周期以及不同的目标进行政策工具的选择。政府在制定产业政策时,考虑产业的发展阶段是非常重要的,因为不同阶段的产业面临不同的挑战和机会。基于产业生命周期理论,政府可以更有针对性地选择政策工具,以促进产业的发展。

在萌芽期,产业通常处于初创和成长的初期阶段,市场规模相对较小。政府在这一阶段的政策着重点包括创新支持，为新创企业提供资金和资源支持，以鼓励其进行研发和技术创新。此外，政府还可以提供风险投资和创投支持，以帮助新创企业融资和扩大规模。简化审批程序和法规，降低创业门槛，也是政府在这个阶段的一项关键政策，以鼓励更多的创新公司进入市场。

在新兴产业进入成长期后，市场规模迅速扩大，竞争加剧，政府政策的重点也随之变化。政府应着重于促进市场竞争，防止垄断和不正当竞争行为，以保持市场的公平和有效运作。此外，政府还需要提供技能培训，以满足产业快速增长的需求，确保人才储备。知识产权保护也是关键政策，以鼓励创新和技术转移，同时吸引更多的投资。

在新兴产业进入成熟期后，市场饱和度逐渐增加，增长速度减缓，政府的政策焦点再次发生变化。政府应鼓励企业拓展国际市场，寻求增长机会，通过国际化来推动产业的可持续发展。同时，政府可以支持产业多元化，降低市场风险，鼓励企业在不同领域寻求增长机会。政府还应关注环保和可持续发展，以适应未来市场需求，确保产业的长期可持续性。

因此，政府在不同阶段的新兴产业发展中扮演着重要的角色，通过不同的政策措施，可以促进产业的健康成长，提高其竞争力，实现可持续发展。不同阶段需要不同的政府政策支持，以适应市场的不同需求和特点。政府在不同阶段可以灵活调整政策工具，以应对产业的不同需求。同时，政府还需要定期评估产业的发展阶段，并根据市场动态和全球竞争情况来调整政策，以确保国家产业的持续健康发展。通过精确考虑产业生命周期理论，政府可以更有效地支持产业的成长和创新。

综上所述，现有的关于政策工具的研究主要用来分析国家创新系统与创新政策（Rothwell and Zegveld，1981），也就是说均是宏观层面的考量。在战略性新兴产业的发展过程中，创新主体是研究机构和企业（在位企业、新创企业）。因此，在政策的决策与实施过程中，政府除了宏观层面的考虑，还需要关注如何有效地引导和支持研究机构与企业的创新活动。在这一过程中，政府可以采取多种策略和措施，以确保创新主体积极响应政府的创新政策，这是一个值得研究的问题。

第四节 企业政治战略理论铺垫

企业政治战略研究旨在探讨企业如何在政治环境中运作，以实现其战略目标，帮助企业通过互动促使政府对竞争对手给予管制，或者获取优于竞争对手的政策，又或者通过政策影响上下游企业，从而赢得讨价还价的能力，获取竞争优势（Tian, Hafsi and Wei, 2009; Shaffer and Hillman, 2000）。

在一些国家，政府所出台的政策和法规一直是社会各利益团体之间竞争和博弈的结果（Shaffer and Hillman, 2000）。企业为谋求有利于自己的外部环境而影响政府政策与法规制定和实施过程的战略被称为企业政治战略，而实施上述战略的企业行为被称为企业政治行为（Tian, Hafsi and Wei, 2009）。这里需要指出的是，对于企业政治战略和行为的相关研究主要站在企业的视角，它不是在政府作出决策之后企业被动地执行和接受，而是在政府做出决策之前企业如何通过实施有效的政治战略来影响政府的决策过程。

过去对企业政治战略的研究主要集中于政治战略本身。Hillman and Hitt（1999）将西方企业的政治战略划分为信息策略、财务刺激策略和选民培养策略三种。考虑到具体国情的特殊性，中国企业的政治战略则被细化为直接参与策略、代言人策略、信息咨询策略、调动社会力量策略、经营活动政治关联策略、财务刺激策略和制度创新策略（田志龙、高勇强、卫武，2003）。无论是在西方国家还是在中国，企业实施政治战略的现象都较为普遍，在市场环境高度不确定的今天，许多企业都选择通过主动改变非市场环境来增强企业的市场竞争力，而毫无疑问地，企业政治战略是企业用来改变政策环境以谋求自身利益的一种有效途径（张建君、张志学，2005）。

对于企业政治战略与行为，政府在其中扮演着关键的角色。一方面，政府决定了什么行为是合法的，因此，企业必须在政府法规的框架内运作。另一方面，政府也为新的行为创造了可能性，通过政策、法规和资金等措施，政府积极推动企业的行为转变，从而对经济和产业发展产生深远影响。特别是在一些新兴市场国家，政府有时通过直接投资和刺激需求等手段来推动经济的发展。

近年来，研究重心逐渐转向了制度化的过程，强调个体或组织在特定制度环境中的作用。这种研究方法试图回答"制度从何而来"这一重要问题。从历史的角度出发，研究者更加关注一个特定行业内企业政治战略与行业制度的多次互动。通过深入观察这些互动，研究者更有可能揭示出内在的影响机制，以及企业政治战略对行业制度的作用效果。

战略性新兴产业的政策决策过程涉及中央政府、地方政府、企业和研究机构等各方。它们在动机、信息、资源、能力等因素上存在差异。企业和研究机构对技术与市场的了解通常更深入。通过与企业的多次互动，政府可以提升政策决策的针对性和效果，确保政策更贴近市场和技术发展的实际需求，从而实现政府的战略目标。

总的来说，这一研究领域有助于我们更好地理解政府与企业之间的关系，以及它们如何共同推动产业和经济的发展。深入研究这些互动过程可以为政策制定者、企业领导者和研究者提供有益的洞见，帮助他们更好地应对复杂的经济和政治挑战。管理学领域对企业政治战略的研究主要是从企业行为角度出发且以企业政治战略研究为主，其目的是解决企业对政府资源依赖所造成的问题，为战略性新兴产业政策制定过程中的多方协同研究提供理解的基础。但是，其缺少对政府视角的充分考量，限制了对政策决策全局影响的理解。

第四章 战略性新兴产业政策决策过程特点
——以物联网产业为例

第一节 战略性新兴产业政策的定义与重要性

一 战略性新兴产业政策的概念

战略性新兴产业政策是政府为了促进和引导国家经济发展而采取的一种战略性政策，重点关注和支持战略性新兴产业的发展。这种政策的目标是通过投资、监管、创新和其他政策手段，推动特定的战略性新兴产业在国内和国际市场上获得竞争优势，以实现经济增长、创造就业机会和提高国家竞争力。战略性新兴产业政策包括以下关键要素。

第一，产业选择。政府在政策制定过程中选择特定的战略性新兴产业领域，这些领域被认为具有战略重要性，可以为国家带来长期的经济价值（李晓华、吕铁，2010）。不同国家在产业选择方面会考虑各种因素，包括科技发展、资源禀赋、传统产业特点、文化和国家优势等。国家的自然资源和人力资源仍然在战略性新兴产业选择中起着重要作用。例如，拥有丰富矿产资源的国家可能会优先考虑发展电池制造或可再生能源领域。而拥有大量技术人才的国家可能更容易发展软件和信息技术产业。国内市场需求也是产业选择的重要因素。一些国家可能选择战略性新兴产业，因为国内市场对相关产品或服务有强烈需求，这有助于支持产业的增长。一些政府会考虑该国在特定产业领域的国际竞争力，以确定是否有机会在全球市场上取得竞争优势。

总之，不同国家在选择战略性新兴产业方面会根据其自身情况和资源考虑各种因素。产业选择的决策应该是一个全面的、策略性的过程，旨在最大限度地提高国家的经济增长潜力和国际竞争力。这需要深入的市场分析和技术评估，以及科学的政策制定流程。

第二，创新推动。政府通常会在战略性新兴产业政策中鼓励技术创新和研发投资，以提高战略性新兴产业的竞争力（Spencer, Murtha and Lenway, 2005）。政府可以促使企业与研究机构、高校建立合作与联盟，以促进知识共享、技术交流和研发合作。政府也可以设立技术转移机构或技术中介组织，促进技术的转移和采纳，将研究成果转化为实际产品和服务。政府可以提供资金、设施和资源以支持这些合作关系的建立。政府还可以提供直接的研发资金，如补贴、奖励和研究拨款，以鼓励企业增加研发投入。这可以帮助战略性新兴产业企业在技术创新方面更加积极，并降低风险。政府同样可以提供税收激励措施，如研发税收抵免或减免，以降低企业进行研发的成本。战略性新兴产业中的技术往往具有重大战略意义，因此，政府可以加强知识产权保护，确保企业愿意共享和保护其创新成果，提高研究机构和企业之间的合作意愿。上一章表明了创新生态系统，包括孵化器、加速器、科技园区和创新中心在整个战略性新兴产业中的重要性。产业政策从顶层设计创新生态系统，为战略性新兴产业企业提供创新基础设施和资源。

第三，市场培育。现有研究强调市场机会可以引导战略性新兴产业的发展，市场启动是战略性新兴产业兴起的起点。因此，在产业政策中，市场培育是重要组成部分。产业政策应该强调市场导向，即着眼于满足市场需求和解决市场问题的创新。政府可以设定政策目标，鼓励企业开展与市场机会相关的研发和创新活动。政府可以在产业政策中承诺制定市场准入政策，简化市场准入程序，降低准入障碍，以鼓励企业进入市场。除了提供研发资金，政府还可以设立市场驱动的研发资金，以资助与市场机会相关的创新项目。这有助于企业更好地满足市场需求，提高市场份额。为了保证市场能够有序扩展，政府可以建立市场监测和反馈机制，以及时获取市场信息和反馈，帮助其和企业更好地理解市场动态，调整政策和战略。

第四，产业政策还包括人才培养、监管和法规以及如何面对国际竞争等。政府通过这些顶层设计，采取措施来培养和吸引具有特定技能和知识的人才，以满足战略性新兴产业的需求；通过制定相应的法规和政策框架来确保战略性新兴产业的发展能够遵循规范，实现可持续发展；或以确保国内战略性新兴产业在全球市场上有竞争力。

总的来说，战略性新兴产业政策旨在引导国家资源和投资，以支持特定的产业领域，从而实现国家的长期经济和技术发展目标。这些政策通常需要长期承诺和合作，以确保战略性新兴产业的成功和可持续发展。

二 战略性新兴产业政策的重要性

战略性新兴产业由于存在长期投资需求、高风险性、技术驱动、市场失灵、激烈竞争、社会价值和全球竞争等多方面不确定性因素（曾磊、石忠国、李天柱，2007），因此需要政府提供政策以提供长期稳定性、推动创新、纠正市场失灵、提高竞争力、引导可持续发展、支持人才培养和促进全球竞争，从而确保战略性新兴产业的持续健康发展。战略性新兴产业政策的重要性不容小觑。这类政策对国家经济和社会发展具有深远的影响。它们在多个层面上发挥着关键作用，是国家发展战略的核心组成部分。

第一，战略性新兴产业政策的重要性体现在其对战略性新兴行业的发展、国内生产总值（GDP）的增长和经济增长的推动方面。政府通过战略性新兴产业政策为战略性新兴产业提供资金支持、税收激励和研发投资，引导企业在关键领域开展创新和投资。这有助于培育新兴市场，创造新的商业机会，并提供未来增长的动力。战略性新兴产业政策有助于提高国内生产总值（GDP）。这些产业的发展通常与高附加值和高技术水平的产品与服务相关，不仅增加了国内生产的价值，还推动了出口和国内市场的需求，为国家经济带来实质性贡献。这些政策还可以促进生产力的提高。通过推动技术创新、提高生产效率和鼓励竞争，战略性新兴产业政策可以激发企业在提供更高质量和更具竞争力的产品和服务方面取得成功。这不仅有助于提高企业的盈利能力，还有助于提高国家整体的生产力水平。

第二，战略性新兴产业政策凸显了创新和技术领导地位。这些政策不仅仅鼓励创新，而且助力国家在关键领域取得技术领先地位，从而推动研究和发展成果的成功转化并应用于商业和工业实践。战略性新兴产业政策支持可以促使企业在研发和创新方面投入更多的资源，包括研发资金的提供、税收激励、知识产权保护等，鼓励企业进行前沿科技领域的实验和探索，不仅提高了企业的竞争力，还推动了新兴产业的发展。战略性新兴产业政策可以支持研究机构和科研团队，以加速科学和技术的进步。通过提供资金和资源，政府可以推动大学、研究院所和企业之间的合作，促进基础研究和应用研究的交流，从而加速新技术的诞生。政策还可以鼓励创新的采用和商业化。这包括为新创企业提供孵化器和资金支持，帮助将研究成果转化为商业产品。政府可以通过采购政策、技术标准制定和市场推广来推动创新技术的广泛应用。政府政策可以帮助国家在全球科技竞争中占据优势地位。这包括与国际合作伙伴合作，分享知识和经验，吸引国际科学家和工程师，加速国家的科技发展。

第三，战略性新兴产业政策通常有助于解决失业问题和提高人们的就业机会。一方面，战略性新兴产业政策吸引并培养了大量高技能领域的高素质人才，如科学家、工程师、技术专家等。政府可以通过教育和培训计划、奖学金、职业导向的课程等方式，培养和吸引更多的高技能劳动力，以满足战略性新兴产业的需求。另一方面，战略性新兴产业的发展可以提供不仅限于技术领域的就业机会。战略性新兴产业在其价值链上涵盖了多个领域，包括研发、制造、销售、市场营销、客户支持等。因此，政府的政策支持可以涵盖多个领域，为各种技能水平的人员提供就业机会。政府可以通过创业和新创企业支持政策来鼓励新业务的兴起。创新型新创企业通常在新兴产业中扮演重要角色，它们创造了就业机会并推动了产业的成长。政府可以提供创业基金、孵化器、税收优惠等支持，以鼓励创业活动，特别是在新兴领域。战略性新兴产业的就业机会对于社会的稳定和经济的可持续增长至关重要。通过政策支持，政府可以促进经济多元化，减少依赖传统产业，从而更好地应对经济周期性波动。

第四，战略性新兴产业政策促进了创新创业生态系统的建立。战略性新兴产业存在大量的创业企业、新创企业，研究也表明这些企业往往在数年的积累之后，更加有可能成为推动战略性新兴产业发展的主体。与此同时，这些创业企业、新创企业又非常渺小，离不开战略性新兴产业政策的支持。这种政策支持不仅仅是为了鼓励创新和创业精神，还有助于培养创新型人才，推动新企业的兴起，进一步推动经济的发展和创新。政府可以通过提供资金支持，如创业基金和风险投资，为创业公司提供资金启动和扩张所需的资本。这有助于降低新创企业的融资难度，特别是在项目初期和高风险阶段。此外，政府还可以提供创业贷款、补贴和赠款等金融工具，以帮助创业者获得所需的启动资金。政府可以通过税收激励措施，如减税政策和研发税收优惠，降低新创企业的经营成本，从而提高其竞争力。这种政策支持鼓励了企业在研发和创新领域的投资，有助于提高产品和服务的质量，同时也增强了企业的市场竞争力。政府可以提供创新生态系统的支持，包括孵化器、加速器、技术中心和创新园区等。这些机构为创业者提供了有利的环境，帮助他们获取资源、建立网络和获得专业支持。政府还可以促进大学与产业界的合作，以加速技术转移和商业化过程。政府还可以鼓励创业文化的培育，包括提供创业教育和培训，鼓励年轻人和专业人士参与创业活动。这种文化培育有助于激发创新和创业精神，培养创新型人才，为新企业的兴起创造更有利的环境。

总之，战略性新兴产业政策对于国家的经济和社会发展至关重要。它们可以推动创新、促进就业、提高国家竞争力，同时还有助于实现可持续发展目标。政府、产业界和学术界需要密切合作，共同制定并执行这些政策，以实现国家的长期利益。

第二节　物联网行业概述

一　物联网的基本概念和历史发展

国际电信联盟（ITU）在 2005 年发布的《ITU 互联网报告 2005：

物联网》中将物联网（The Internet of Things）定义如下：物联网是指通过射频识别（RFID）装置、二维码识读设备、红外感应器、全球定位系统和激光扫描器等信息传感设备，按约定的协议，将所有物品与互联网相连接，进行信息交换和通信，以实现智能化识别、定位、跟踪、监控和管理的一种网络。

物联网概念起源于1991年，由美国麻省理工学院（MIT）的Kevin Ashton教授首次提出。1999年，MIT建立自动识别中心，提出"万物皆可通过网络互联"。早期主要指依托射频识别（RFID）技术的物流网络。近年来，美国、欧盟、日本等全力助推物联网发展，尤其在国际金融危机之后，更是加大了刺激措施，试图将物联网作为振兴经济、抢占未来国际竞争制高点的"法宝"。

2008年，美国政府将IBM公司提出的"智慧的地球"计划作为美国信息化战略的重要内容，并将物联网列为"2025年对美国利益潜在影响最大的关键技术"。2009年，奥巴马签署生效的《2009年美国复苏和再投资法案》提出要在智能电网领域投资110亿美元，在卫生医疗信息技术应用领域投资190亿美元。虽然美国并没有一个国家层面的物联网战略规划，但凭借其在芯片、软件、互联网、高端应用集成等领域的技术优势，通过龙头企业和基础性行业的物联网应用，已逐渐打造出一个实力较强的物联网产业，并通过政府和企业一系列战略布局，不断扩展和提升产业国际竞争力。

欧盟作为一直在全球物联网发展领域的领先者，其各个成员国也极为重视物联网的发展，把推动物联网的发展作为欧盟发展的重大战略。为了推动和规范全欧盟地区的物联网发展，2009年，欧盟提出了推动物联网发展的基础框架，并围绕新兴物联网发展发布了系列白皮书，以帮助欧盟委员会与全球研究组织确认和协调与无线射频识别相关的国际问题和新进展（田博文，2016）。欧盟发布的《欧盟第七框架计划》结合新兴物联网信息技术革命，对物联网的理念、技术架构、技术标准、物联网全球编码、物联网泛在计算等RFID和物联网的应用研究展开了全面阐述，填补了全球物联网和RFID领域的空白，为RFID、物联网生产企业、用户企业、行政机关、行业团体、咨询机构、研究单位提供了一个重要参阅资料；为理论研究、学科建设、物联网应用、物联网标准修订、物联网知识普及、人才培养、职业培训等提供了权威性依据。

同样，日本在2009年3月提出"数字日本创新计划"，7月进一步提出"I-Japan战略2015"，将交通、医疗、智能家居、环境监测列为物联网技术进行行业应用的重点。

由此可见，物联网的应用和产业发展在欧美及日本等发达国家和地区方兴未艾。虽然物联网概念出现的时间不长，但是其相关产业迅猛发展，国外业已开始大力发展物联网业务应用，着手建立较为完善的商业模式。并且，各国所占据的优势也存在差异。例如，领先的RFID和传感网企业主要集中在美国，这依赖于美国拥有大量优秀的基础芯片和设备企业，尤其是在物联网领域能够提供Zigbee芯片和移动芯片产品的德州仪器，以及能够提供物联网所需的基础通信芯片的英特尔、高通、飞思卡尔等企业。欧盟虽然在基础通信芯片方面也具有一定的基础，但由于其电信运营商较早关注了物联网业务，拥有较多的M2M通信模块企业，因此更多的是在为M2M提供设备支撑。而日本的物联网企业则是以电信运营商为主。

中国物联网发展基本与世界发达国家同步。早在1999年，中国科学院就启动了传感网研究，分别在无线智能传感器网络通信技术、微型传感器、传感器终端机、移动基站等方面取得重大进展，并拥有多项专利（侯赟慧、岳中刚，2010）。

2009年8月，温家宝在无锡调研时，视察了中国科学院无锡高新微纳传感网工程技术研发中心，对研发中心予以高度关注，指示建设"感知中国"中心。至此，物联网的"感知中国"战略正式以无锡为中心向全国拓展。

自2009年起，"感知中国"概念的提出标志着中国进入物联网行业发展元年。物联网作为一场技术重塑革命，重构了生活、生产、公共领域的发展模式，创造了巨大的社会与经济价值。2010年，政府工作报告提出，大力培育战略性新兴产业，加快物联网的研发应用。物联网等新一代信息技术产业被列为国家战略性新兴产业。

2012年3月，由中国提交的"物联网概述"标准草案经国际电信联盟审议通过，成为全球第一个物联网总体标准，中国在国际物联网领域的话语权进一步加强。物联网概念虽然起源于国外，但目前中国物联网发展基本同步于全球，均处于物联网起步阶段。当前，中国物联网已初步形成了完整的产业体系，具备了一定的技术、产业和应用基础，发展态势良好。2022年全国物联网市场规模约为2.39万亿元，同比增长15.97%，移动物联网终端用户数达18.45亿户，成为全球主要经济体中首个实现"物超人"的国家。根据中银证券的预测，到2025年，中国物联网市场规模将达到3.63万亿元（见图4.1），有望在2030年达到11万亿元的体量。

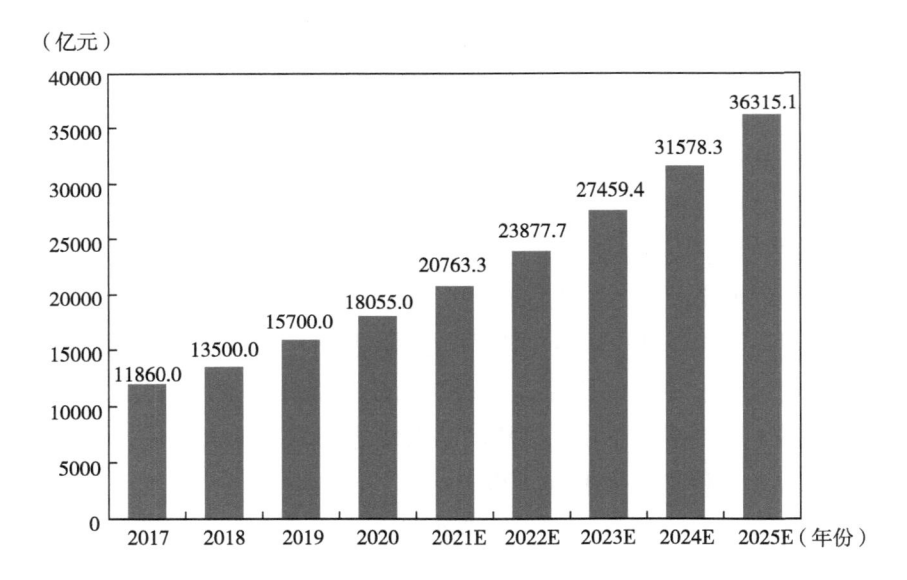

图 4.1 中国物联网产业市场规模

资料来源：中银证券：《通信业周报：万物互联，通信先行，价值共生，蓄势待发》，2021年。

另外，中国物联网应用范围十分广泛，遍及智能交通、环境保护、政府工作、公共安全、智慧城市、智能家居、环境监测、工业监测、食品溯源等多个领域。物联网把新一代信息技术应用到各行各业，将传感器装备到电网、铁路、桥梁、家电、食品等物品中，通过网络对各种信息进行整合，由中心控制系统对信息进行实时的处理和反馈，达到更有效地对生产和生活进行管理的目的（见图4.2）。

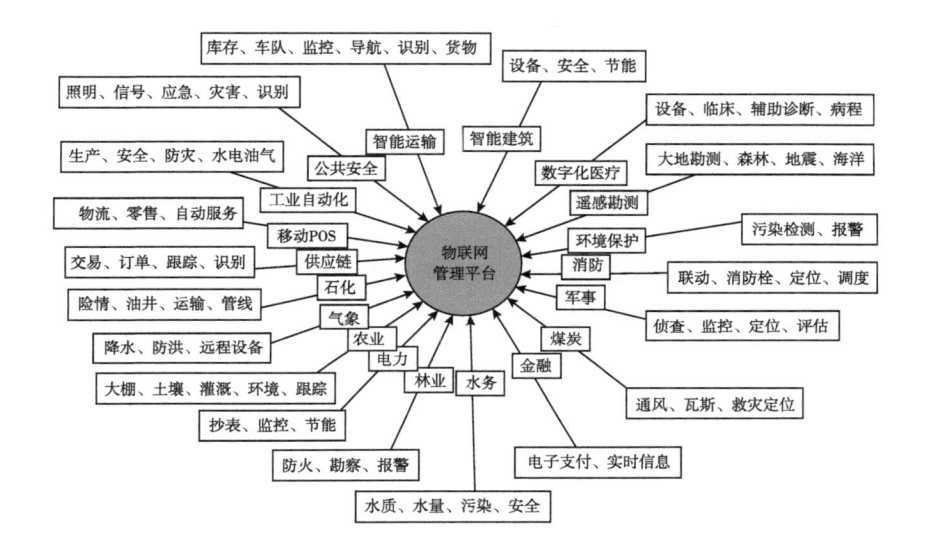

图 4.2　物联网技术应用

资料来源：西南证券网站。

二　物联网在中国各个领域的应用案例

物联网在中国的发展已经有了超过10年的历程，这一技术已经在各个行业广泛应用，取得了引人注目的成就。这些成就不仅在技术和商业上具有重要意义，还在提高效率、提高生活质量、推动产业升级和实现可持续发展目标方面产生了深远的影响。具体来说，物联网发展在智能家居、智能城市、农业、医疗保健、工业自动化、供应链管理和交通等领域取得了显著突破。

（1）智能家居。智能家居作为物联网的杰出应用之一，通过将家庭设备与互联网连接，为用户提供了便捷、安全和智能的居住体验。用户可以使用智能手机或声控助手来控制照明、温度、安全系统等设备，实现远程控制和自动化。此外，智能家居还能根据用户的需求和习惯进行自动化调整，提高能源效率和生活质量。这一技术的不断创新和发展将继续改善人们的日常生活方式，为可持续生活和资源管理提供更多可能性。

（2）智能城市。智能城市代表了物联网技术在城市管理领域的突破，通过广泛部署传感器网络，实现了城市各个方面的实时监测和智能化管理。这包括交通流量、环境质量、能源消耗等关键领域。通过数据分析和自动化控制，智能城市能够更高效地应对交通拥堵、环境污染和资源浪费等问题，提高了市民的生活质量和城市的可持续性。同时，数字化市民服务和更便捷的互动平台也让市民更容易参与城市决策和社区建设，推动了城市治理的现代化和民主化。智能城市不仅改善了城市环境，还为未来城市的可持续发展打开了全新的可能性。

（3）农业和农村发展。物联网在农业领域的广泛应用正在彻底改变现代农业的面貌。通过传感器、数据分析和智能决策系统，农民能够实时监测和管理土壤、气象、作物健康和资源利用，使农业实现了高度的精确性和可持续性。这不仅提高了农作物的产量和质量，还减少了资源浪费和环境负担。物联网的农业应用为全球粮食安全和可持续农业发展带来了革命性的机遇，同时为农村社区创造了更多的经济增长和就业机会。

（4）智能医疗。物联网在医疗保健领域的广泛应用正在引领医疗行业向更智能、更高效的方向迈进。患者可通过佩戴各类可穿戴设备来实时监测生命体征如心率、血压、血糖水平等，这些数据可通过互联网传输到医疗专业人员，实现远程健康监测和远程诊断。此外，智能药物管理系统可提醒患者按时服药，同时医疗设备如心脏起搏器和连续血糖监测器也能实现远程监测和自动化数据上传。这一系列应用不仅提高了医疗服务的可及性，还提高了医患沟通和诊疗效率，有助于更早地发现和治疗疾病，提高了医疗保健的质量和效果，同时降低了医疗成本。物联网的创新为全球医疗保健系统带来了深刻的变革，为患者提供了更加个性化和关怀周到的医疗体验。

（5）供应链管理。物联网在供应链管理领域的广泛应用彻底改变了物品的跟踪和管理方式。通过物品配备的传感器，供应链参与者可以实时追踪物品的位置、运输状态和环境条件，如温度和湿度。这对于冷链物流（如食品和药品运输）、库存管理和货物追踪至关重要，不仅有助于保持货物的质量和安全，还提高了供应链的可见性和效率。物联网技术还使供应链管理更具预测性，能够更好地应对潜在问题，如延误或损坏，从而降低了物流成本和提高了客户满意度。这一创新有望在全球供应链中带来更高的透明度和可持续性，促使物流行业朝着更加智能和可靠的方向前进。

（6）工业自动化。工业物联网（IIoT）在工业领域的广泛应用正彻底改变着制造业的面貌。通过传感器技术和数据分析，制造企业能够实时监测生产设备的状态和性能，预测潜在的维护需求，以及优化生产流程。这不仅提高了生产效率，还降低了生产成本，减少了不必要的停工时间。工业物联网使制造企业能够更加智能化和响应迅速，及时检测并解决问题，确保生产连续性和产品质量。此外，IIoT还推动了制造业向更可持续和绿色的方向发展，通过资源利用的优化和废弃物的减少，有助于降低环境影响，实现更可持续的生产方式。这一趋势为制造业注入了新的创新和竞争力，预示着未来工业领域将更加智能、高效和可持续。

（7）智能交通。物联网在交通管理领域的应用正为城市交通带来革命性的变革。通过智能交通灯、交通监控摄像头和智能交通流量管理系统等技术，城市能够实现更加协调和智能的交通管理。这些系统不仅能够实时监测道路上的交通情况，还能够根据需求和数据进行动态调整，以优化交通流量，减少拥堵和交通事故的发生。这不仅提高了道路的安全性，还提高了交通效率，缩短了通勤时间，降低了排放，提高了城市的生活质量。此外，物联网技术也为城市交通管理提供了更多的数据支持，有助于城市规划者更好地了解交通模式和城市需求，以制定更具前瞻性的交通政策。这一领域的不断创新将为未来城市交通带来更多的智能化和可持续性，为城市居民提供更加便捷和环保的出行体验。

（8）零售业。物联网在零售业的应用对于改善库存管理和提升客户体验具有巨大的潜力。通过在产品上安装传感器，零售商能够实时监测库存水平，预测需求，以确保产品供应充足且不过剩。这种智能化的库存管理不仅有助于降低成本，还能够减少因缺货或过剩而导致的损失。此外，物联网技术还可被用于个性化营销和客户跟踪。零售商可以根据客户的购买历史和偏好，向他们提供个性化的促销和建议，提高客户忠诚度和购物体验。这种定制化的互动不仅满足了客户的需求，还提高了销售额和市场份额。总之，物联网的应用为零售业带来了更高的智能化和客户导向，为零售商创造了更多的商机和竞争优势。

综上所述，物联网技术的广泛应用正在各个领域引领着智能化、高效化和可持续发展的变革。从农业到医疗保健、供应链管理、工业、交通管理和零售，物联网通过传感器、数据分析和智能系统的整合，提高了生产效率、资源管理、安全性和客户体验。这一趋势不仅为企业带来更多商机，还为社会创造了更多创新和可持续发展的机会，预示着未来将迎来更加智能、更加高效和连接更加紧密的世界。

第三节　产业政策决策过程概述

一　产业政策决策的主要步骤和程序

产业政策的制定是国家或地区政府为了促进特定产业的发展，提高经济竞争力，实现经济和社会目标而采取的战略性行动。理论上，产业政策的制定通常遵循一系列的步骤和程序（郭巍青、涂锋，2009），具体如下。

（1）问题识别和目标设定。制定产业政策的第一步是明确定义问题和目标。政府需要识别产业领域的挑战、机遇和需求，确定需要干预或支持的特定产业，并设定明确的政策目标，如提高产业竞争力、创造就业机会、促进创新等。

（2）数据收集和分析。在制定政策之前，政府需要收集相关数据和信息，包括市场状况、竞争对手、技术趋势、就业数据等。这些数据可以帮助政府更好地了解产业现状，为政策制定提供依据。

（3）利益相关者参与。产业政策的制定过程通常需要广泛的利益相关者参与，包括政府部门、行业协会、企业代表、劳工组织和学术界等。他们的意见和建议对于制定有效的政策至关重要，同时也有助于确保政策的广泛支持。

（4）政策选择和工具制定。基于问题识别、目标设定和数据分析，政府制定适当的政策方案。这可能包括财政政策、税收政策、监管政策、技术支持、研发资金、培训计划等。政府需要选择最合适的政策工具来实现政策目标。

（5）政策评估和模拟。在正式实施政策之前，政府通常会进行政策评估和模拟以帮助政府预测政策可能产生的效果，包括对产业、经济和社会的影响。

（6）政策实施和监督。一旦政策方案确定，政府开始实施政策并进行监督。这会涉及资源分配、法规制定、项目启动等行动。政府需要确保政策的有效实施，同时持续监测政策的效果。

（7）政策调整和更新。产业政策需要不断调整和更新以适应变化的市场条件和政府目标。政府应定期评估政策的效果，根据实际情况进行调整，并重新设定政策目标，以确保政策的有效性和适应性。

（8）监测和评估。长期监测和评估是产业政策的重要部分。政府需要跟踪产业的发展和政策的效果，评估是否实现了预期的目标，并根据评估结果做出相应调整。

综上所述，产业政策的制定是一个复杂的过程，需要综合考虑各种因素和利益相关者的意见。有效的产业政策可以促进产业的发展，提高经济竞争力，创造就业机会，并实现国家或地区的战略目标。因此，政府在制定产业政策时需要谨慎、透明和灵活，以确保政策的成功实施和可持续性。

二　战略性新兴产业政策的长期性和动态性

战略性新兴产业政策和传统产业政策之间的主要差别在于其关注的产业类型和战略性目标。战略性新兴产业政策针对的是处于初创和高增长阶段的新兴产业，如生物技术和人工智能，旨在推动其快速发展以提高国家的竞争力。这些政策通常需要更多的创新和战略规划。一般产业政策则更广泛，旨在促进整个产业领域的增长和改进，如提高效率、增加就业机会、改善市场环境等。政府会根据国家需求和战略目标选择合适的政策类型。与传统产业政策相比，战略性新兴产业政策更加突出长期性和动态性的特点，强调持续合作。

（1）长期性。这类政策的制定和实施通常需要长期的规划和执行。这是因为，战略性新兴产业的发展通常需要相对较长的时间，政府需要持续投入资源和支持，以确保产业的可持续增长。这包括长期的资金投入、研发支持、培训计划和市场准入等方面的政策。政府需要有长期愿景，并与产业利益相关者建立可靠的合作关系，以实现长期目标。

（2）动态性。战略性新兴产业和市场环境都在不断变化。因此，政策必须具有灵活性，能够适应变化的情况。政府需要及时调整政策，以适应新的技术趋势、市场需求和竞争条件。这可能包括政策的修订、新政策的制定或政策的调整。政府需要不断监测和评估政策的效果，并采取行动来保持政策的有效性。

（3）持续合作。为了应对战略性新兴产业的动态性和复杂性，政府需要与各利益相关者保持持续的合作。这包括与学术界、企业和社会团体建立紧密的伙伴关系，共同制定和执行政策。这种合作可以帮助政府更好地了解行业需求和趋势，并确保政策的灵活性和适应性。

综上所述，政府出台战略性新兴产业政策是为了应对产业的发展挑战和机遇。政府需要有长远的规划，同时能够灵活地适应变化的情况，通过风险管理和持续合作来实现政策目标，推动战略性新兴产业的可持续增长和国家经济的竞争力。这种政策制定的复杂性要求政府具备战略性思维和敏锐的政策反应能力，而这一切无一不在强调战略性新兴产业政策决策过程中，政府与各类行动者的频繁互动和交流的重要性。

第四节　物联网产业政策决策过程特点

正如前文所述，任何一个战略性新兴产业的发展都离不开高质量政府政策决策的推动。本章以下部分将以物联网产业为研究对象，讨论战略性新兴产业政策决策过程的特点。

本部分的研究主要集中于1999—2011年物联网的决策过程，因为在这一时期，物联网技术逐渐从实验室走向实际应用，物联网从概念形成到初步应用。产业生态也在这一时期开始形成，政府、企业和科研机构之间的合作不断加深，推动了技术的不断进步和应用场景的拓展。这一阶段的政策决策奠定了物联网产业的基础，并为其后续发展创造了条件。

此外，集中研究1999—2011年的物联网决策过程，还能够揭示政策环境、技术创新和市场需求之间的复杂互动关系，帮助读者深入理解这些早期决策如何塑造了物联网的未来格局以及物联网产业在这一时期面临的挑战和机遇，从而为当前和未来的物联网发展提供历史参考和理论支持。这种深入的历史分析，将有助于相关领域的研究人员、政策制定者和产业从业者更好地把握物联网的发展脉络，推动物联网技术和应用的持续创新与进步。

本书的数据主要来自第一手调查与二手数据。

本书的第一手调查来自参与物联网三大产业政策决策过程的组织成员，有国务院发展研究中心人员，地方政府官员，研究机构的研究员，重庆邮电大学与东南大学的专家，以及无锡感知集团（新创企业）、华为（民营企业）、中国移动（国有企业）的技术骨干与管理人员，共23人。具体分布如表4.1所示。这些访谈主要用于核实事件过程，讨论分析思路，从而提升作者对物联网产业发展的理解以及对事件与阶段的判断。

表4.1 访谈成员分布

类别	数量（人）
国务院发展研究中心人员	2
无锡市官员	5
北京、上海、杭州及深圳市官员	4

续表

类别	数量（人）
中国科学院上海微系统与信息技术研究所研究员	5
专家	3
企业中的技术骨干与管理人员	4

本书的二手数据来自一个大型的档案数据库，因为这些在战略性新兴产业产业政策决策过程中的政府、研究机构与企业不断受到媒体的关注，并且产生了大量的书面材料详细说明实际的言行。在政府、企业以及研究机构的官方网站上，各个行动者以新闻报道的形式对每一次的互动活动都进行了详细的描述。

Eisenhardt（1989）指出，由于所能研究的案例数目通常是有限的，因此需要选择那些能够"清晰透明地观察到"的案例。在本书中，由于实际参与物联网产业发展的中央政府、地方政府、企业及研究机构的数量庞大，因此采用了典型样本分析的方法收集有关多方互动的二手数据，具体如下。

（1）中央政府。主要选择国务院、工业和信息化部、国家发展改革委、科技部等网站。

（2）地方政府。由于发展物联网产业的地方政府数量众多，行为又分散在各个市、县、区不同层面，无法进行统计抽样，因此本书主要选择无锡、上海、深圳、杭州和北京等城市（国家物联网云计算示范城市）作为典型样本进行数据收集。

（3）研究机构。主要选择中国科学院、中国科学院上海微系统与信息技术研究所的网站。虽然清华大学、哈尔滨工业大学、东南大学等高校在传感器网络方面也进行了大量工作，承担了"973""863"等重大自然科学基金项目，在不同的研究领域居于国内领先位置，但是中国科学院上海微系统与信息技术研究所始终处于传感器网络研究中的领先地位，其所申请的专利约占传感网领域专利的50%，成功参与到世博会、奥运会等重大事件中，并主导了国际认可的技术标准的制定。

第四章 战略性新兴产业政策决策过程特点

（4）企业。由于物联网行业内的企业数量太多，因此本书从前三个方面的事件确定涉及的企业中选择中兴通讯、利奥科技两家企业网站，收集三个产业政策决策过程中政企互动活动的报道。

本书所选择的上述网站建设比较健全，长时间新闻报道的跟踪研究有利于避免偶然事件造成的研究误差。

通过上面的数据来源，本书收集了自1999年8月到2011年11月的与上述三个重要决策过程相关的共计519条政企互动新闻以及多达81页的访谈记录。

基于上述数据，我们首先对物联网三个关键政策决策过程进行详细描述。

在中国物联网产业发展过程中，传感器网络技术进入国家中长期发展规划、无锡"感知中国"中心建设以及物联网产业发展规划是三大里程碑事件。本书按决策过程理论反推这三个产业政策最初的"决策事项"，并以每个决策过程最终出台的政策时间作为决策过程的结点，识别出三个政策决策过程（技术确认、基地建设、产业规划）并将其作为本书的研究对象。图4.3展示了三个产业政策决策过程及其过程中的政企互动。

（1）技术确认决策过程（1999年—2006年2月）。

1997年中国科学院向中央政府提交了《迎接知识经济时代 建设国家创新体系》研究报告，建议国家组织实施"知识创新工程"，之后，无线传感网及其应用作为信息与自动化领域的五大重大项目之一列入知识创新工程试点。随后，传感器网络技术被纳入国家优先发展的高技术重点领域，出现在国家发展改革委、科技部以及工业和信息化部等出台的各项科技政策中。相关研究成果（无线智能传感网络通信技术、微型传感器、传感器节点、簇点和应用系统等）于2004年9月在北京进行了大规模外场演示，得到了国家有关部委领导的肯定与嘉许。紧接着，这些技术在一些地区进行了应用试验（如宁波的智能监测网、嘉兴市的航运监测系统等），其成果在一次次汇报、考察和视察过程中，给政府决策者展示了无线传感网技术的可观前景。最终，传感网技术进入2006年2月国务院出台的《国家中长期

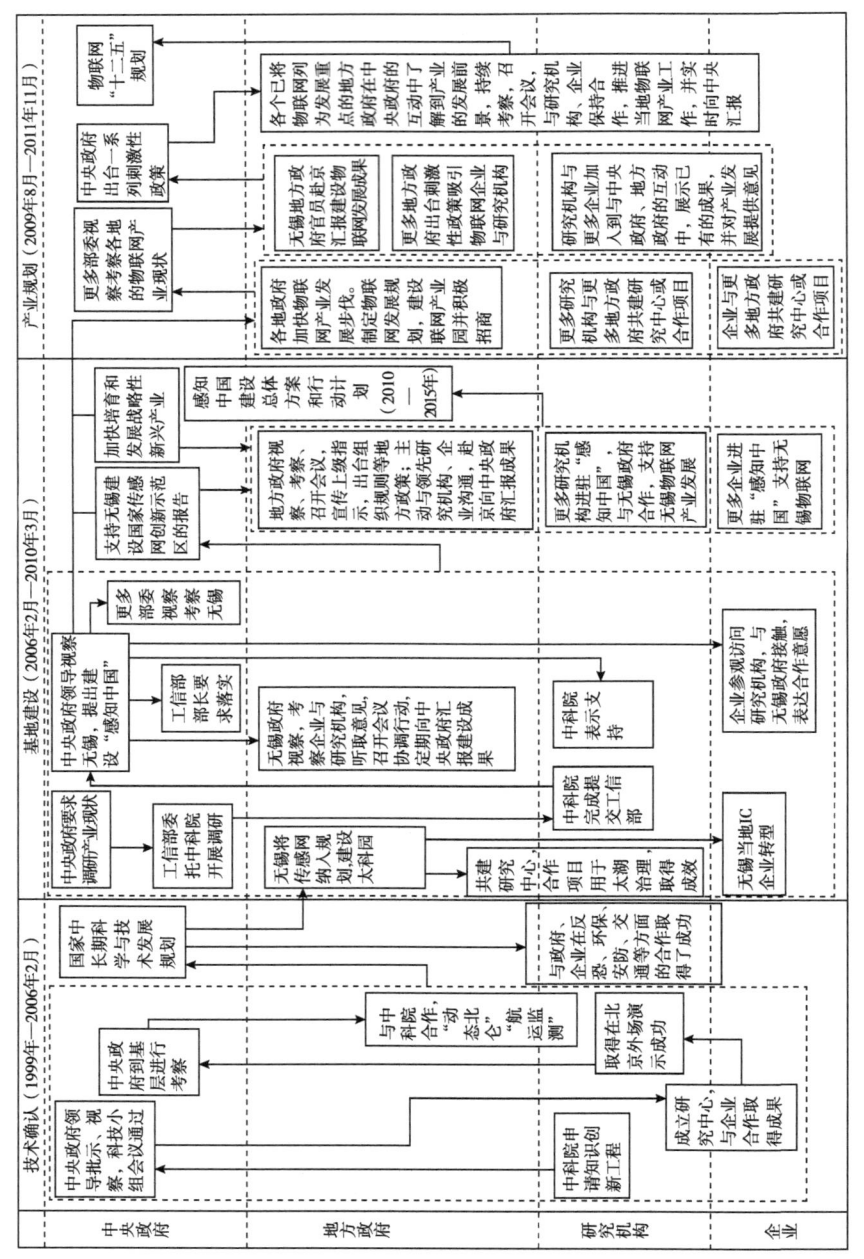

图 4.3 物联网产业发展过程中的三大政策决策过程及政企互动

科学和技术发展规划纲要（2006—2020年）》，实现了技术确认。

（2）基地建设决策过程（2006年3月—2010年3月）。

2006年以前无锡市政府就已经关注无线传感网技术。《国家中长期科学和技术发展规划纲要（2006—2020年）》出台后，无锡正式将无线传感网技术纳入无锡未来产业发展规划，并与中国科学院上海微系统与信息技术研究所展开了院地合作，建立了中国科学院无锡高新微纳传感网工程技术研发中心。同时，无锡市大量当地IC设计企业将研发方向转入传感及RFID领域。另外，无锡频频出台人才政策，吸引了大量在电子信息等领域的领军型海外留学归国创业人才。

在随后的几年里，无线传感网技术快速发展，在反恐、环保、安防、交通等方面进行了大量试点并取得成果。特别是2007年以后无锡将该技术应用到了备受关注的太湖蓝藻污染监测中，并取得成效。2009年1月，国家开始关注物联网技术的产业化，工业和信息化部受令进行产业调研。中国科学院上海微系统与信息技术研究所的研究员在对中国各地物联网产业发展现状进行调研之后，提交了相关的报告，为中央政府下一个决策提供了依据。2009年8月7日，温家宝同志视察中国科学院无锡高新微纳传感网工程技术研发中心，在参观了成果展示和听取了专家汇报后，对无锡物联网产业已开展的工作表示肯定，并建议在无锡建设"感知中国"中心。

在随后的几个月内，无锡市以太湖国际科技园为基础，初步建立了"感知中国"中心的组织与运营规则。在温家宝同志的多次考察、视察以及无锡的汇报和会议等沟通后，2009年11月13日，国务院批复《关于支持无锡建设国家传感网创新示范区（国家传感信息中心）情况的报告》，正式决定在无锡建设中国物联网产业基地"感知中国"中心，并在2010年3月，批复了无锡市政府提交的《无锡国家传感网创新示范区建设总体方案及行动计划（2010—2015年）》。

（3）产业规划决策过程（2009年8月—2011年11月）。

2009年，无锡确认建立"感知中国"中心后，上海、成都、北京、杭州、广州等出台了一系列的物联网产业规划，大力推进当地产业的发展。例如，上海在 2010 年 4 月发布的《上海推进物联网产业发展行动方案（2009—2012 年）》中提到要主攻传感器和芯片技术，设定嘉定、浦东为产业基地。同时，中国科学院及部分高校，三大电信运营商、电科集团、中兴、华为等大型企业均与各地（例如深圳、杭州、北京等）产业园建立合作关系，成果不断涌现。各地政府也积极汇报当地物联网产业状况及物联网产业园建设情况，共同推进中国物联网产业发展。

2010 年 10 月，国务院正式宣布将物联网产业列入七大新兴产业。更多的中央部委展开调研（考察与视察）并召开座谈会以及协调会议（如八部委联合会议），为行业准入标准、产业投资基金、财政税收政策的制定和完善寻找依据。2011 年 3 月，国务院出台的《国民经济和社会发展第十二个五年规划纲要》明确提出了发展物联网产业的路径，例如，掌握产业关键核心技术，统筹技术开发、工程化、标准制定、应用示范等环节，组织实施若干重大产业创新发展工程以及培育一批新兴产业骨干企业和示范基地。在相关政策指引下，各地政府在物联网上的投入和成果呈上升状态，2011 年 11 月，工业和信息化部出台了《物联网"十二五"发展规划》，在解释物联网行业技术内涵的同时，提出了具体的发展目标，明确了地方政府投入资源的方向。

综上所述，表 4.2 对本章的研究对象进行了结构化整理，初步解释了宏观政策所对应的最初决策事项、引起最初决策事项的最初事件、出台宏观政策的目的及其所对应的物联网产业阶段。

表 4.2　　　　　　　　　案例研究对象的结构化整理

a. 三大政策	政策 1：《国家中长期科学和技术发展规划纲要（2006—2020 年）》 国务院，2006	政策 2：《关于支持无锡建设国家传感网创新示范区（国家传感信息中心）情况的报告》 国务院批复，2009	政策 3：《物联网"十二五"发展规划》 国务院，2011

续表

b. 最初决策事项	如何发展无线传感网技术	如何以及由谁建设国家级无线传感网示范基地	如何在全国范围内部署物联网产业
c. 最初事件	1999年，中国科学院提交报告（包括无线传感网）申请开启知识创新工程	2006年，无锡政府选择无线传感网作为新兴产业，建设太科园，邀请上海微系统与信息研究所共建无线传感网研究中心，并成功利用该技术解决了太湖蓝藻事件	2009年8月7日，中央政府视察无锡，并提出在无锡建设"感知中国"中心，鼓励地方政府建设物联网
d. 政策目的	识别具备成为新兴产业的技术	确认并支持无锡建设国家级物联网示范基地	创造市场并使市场功能更加有效
e. 产业阶段	萌芽	孕育	培育
f. 政策决策过程	技术确认决策过程	基地建设决策过程	产业规划决策过程

一 战略性新兴产业政策决策的子决策过程——以物联网产业为例

一个理论上的决策过程通常包括决策事项界定、信息收集与分析、方案分析与决策选择和实施等（郭巍青、涂锋，2009）。我们发现，中国物联网产业发展的三个重大政策决策过程都包含多个子决策过程（见图4.4、图4.5、图4.6），回答了相应的子决策问题。在每一个子决策过程中，中央政府和地方政府都作出了众多微观政策决策。这些微观决策是在多方互动中产生的，并且通过多方互动得以实施。如中央政府对企业或研究机构的建议进行批示，同意开展某项研究，或对某个项目成果给予肯定，决定进一步部署相关工作等。这些子政策决策过程环环相扣，逐渐递进，推动了更大和更高层面政策决策的产生。

（一）技术确认决策过程的子决策过程

技术确认决策过程最初的决策事项是"无线传感网技术如何发展"，它因新一代技术受到关注而启动。根据对这一决策过程中的互动事件的内容分析，本书发现无线传感网技术确认决策过程包括四个子决策过程：①趋势认可子决策回答"是否发展无线传感网技术"，互动活动包括中央政府通过听取汇报了解趋势，视察和会议后做出判断，决定将无线传感网技术纳入知识创新工程试点。②技术识别子决策回答"无线传感网技术是什么"，互动活动包括中央政府在听取汇报、考察、视察、会议基础上肯定阶段性研究成果，对研究进行持续支持。③应用识别子决策回答"无线传感网技术是否有应用价值"，互动活动包括批准应用项目、考察与视察研究机构与地方政府合作的试验性应用项目并做出扩大应用试验决定。④技术规划子决策回答"无线传感网技术研究如何全面系统推进"，互动活动包括基于更广泛的考察、视察、会议，了解现状和意见，中央政府肯定成果，确认技术路线，将无线传感网技术纳入国家中长期科技发展规划。具体见图4.4。

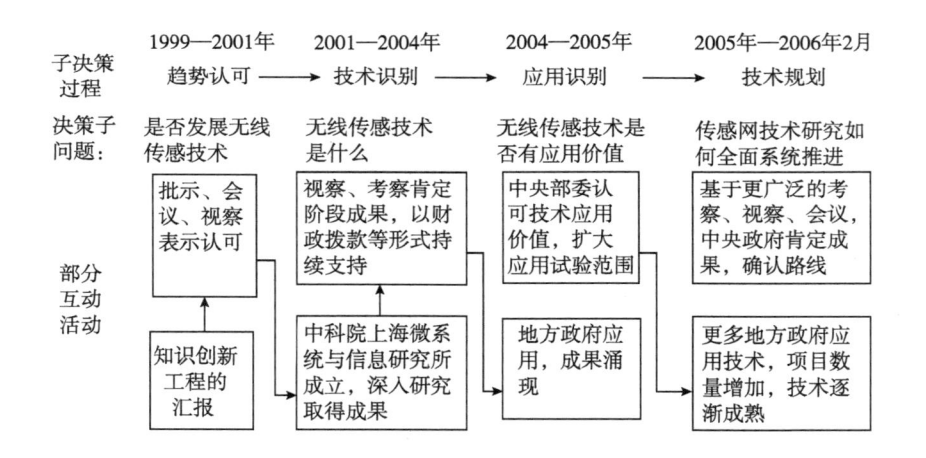

图4.4 技术确认决策过程的子决策过程及部分互动活动

（二）基地建设决策过程的子决策过程

这一决策过程最初的决策事项是"无线传感网技术研究及产业化能力如何建立"，这是中央政府要回答的问题。根据对这一决策过程的互动事件的初步分析，本书发现无锡产业基地建设决策过程包括如下四个子决策过程：①地方产业园准备子决策回答"无锡如何基于传感网技术发展当地物联网产业"。互动活动包括地方政府通过考察、合作方式引入研究机构和企业，通过视察、考察和合作引入本地企业，通过将研究和应用成果向中央政府汇报，取得支持。②国家级身份认定子决策回答"谁能作为研发和产业化能力建设的示范基地"。互动活动包括中央政府通过企业、研究机构和地方政府的汇报、考察和会议座谈等互动活动，判断各地传感网络技术研究与发展的状况。基于各级政府和部门的建议、专家评审以及领导的视察，最终做出示范基地的选择。③组织及规则完善子决策回答"产业基地规范运营的组织与规则是什么"。互动活动包括地方政府基于与企业、研究机构的会议、考察等提出建议方案并向中央政府汇报，中央政府基于考察、视察、会议等提出改进建议并批准方案。④建设规划部署子决策回答"基地在研究和产业化发展上的未来思路是什么"。互动活动包括地方政府在吸引更多的研究机构、企业后，进行考察、视察，并组织会议讨论如何落实中央政府提出的改进意见，形成新方案，并向中央政府汇报。随后，中央政府基于考察、视察、会议等再次提出改进建议。具体见图4.5。

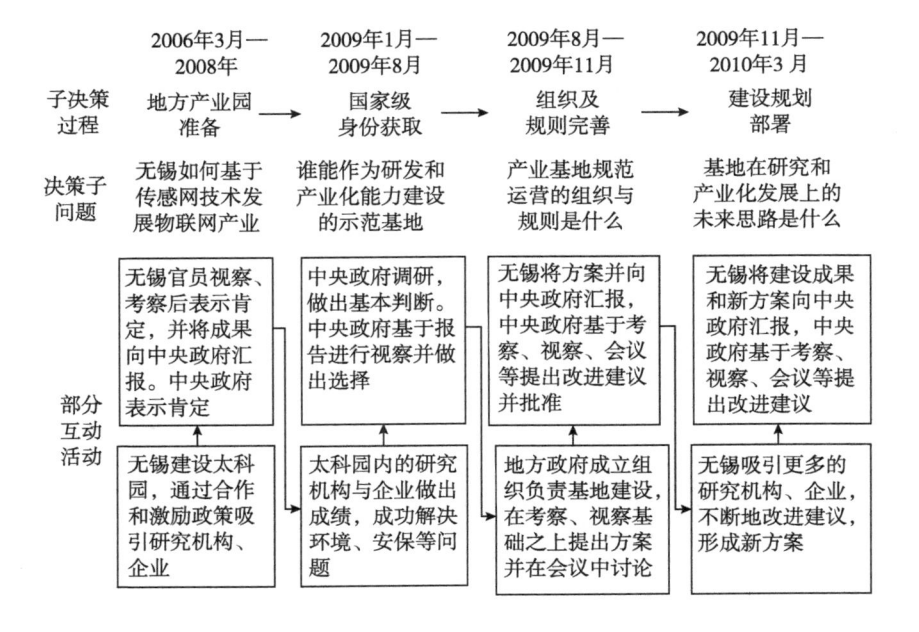

图 4.5 基地建设决策过程的子决策过程及部分互动活动

（三）物联网产业规划决策过程的子决策过程

这一决策过程最初的决策事项是"物联网产业如何发展"。根据对这一决策过程的互动事件的初步分析，本书发现物联网产业规划决策过程包括四个子决策过程：①地方政府表态子决策回答"本地是否及如何发展物联网产业"。互动活动包括其他地方政府基于考察、视察、会议、合作等决定建立本地物联网产业园，协调本地研究机构、当地企业和大型央企，并将物联网产业纳入规划，更多部委在视察、考察各地的建设成果后，肯定其成果，选择性支持等。②中央政府表态子决策回答"中央政府是否重点支持物联网产业发展"。互动活动包括中央政府基于广泛的考察、视察和会议等与地方政府、企业界达成共识，国家领导人在讲话中提升物联网产业的重要性。③刺激性政策出台子决策回答"中央政府从哪些方面支持物联网产业发展"。互动活动包括中央政府在听取地方政府的汇报后，针对汇报中反映的问题进行深入考察和视察，并在相关会议上表示，将在某些方面进一步支持物联网产业的发展。④明确发展路径子决策回答"物联网产业发展如何规划"。互动活动包括中央政府基于信息收集和实地观察，得到研究机构与企业的行动反馈，确认现有的技术路线和应用行业路径。具体见图4.6。

子决策过程	2009年9月—2010年4月 地方政府表态	2010年4月—2010年10月 中央政府表态	2010年10月—2011年4月 刺激性政策出台	2011年4月—2011年11月 明确发展路径
决策子问题	本地是否及如何发展物联网产业	中央政府是否重点支持物联网产业发展	如何激发物联网产业发展	物联网产业未来如何规划
部分互动活动	更多部委在各地考察调研后，肯定成果，选择性支持 ↑ 其他地方政府为产业园选址，与行业领先者沟通，将物联网列入规划；无锡实时汇报建设和产业成果	中央政府在互动中与地方政府、企业达成共识，领导人在讲话中提升物联网产业的重要性 ↑ 各地政府在其各自的规划下开始部署物联网产业发展路径，无锡仍实时向中央政府汇报成果	中央政府基于地方政府的汇报，承诺考虑申请的支持以及考察、视察、会议中表示支持 ↑ 各地政府在其各自的规划下发展物联网产业，向中央政府汇报产业现状和困难	中央政府基于信息收集和实地观察，得到研究机构与企业的行动承诺，确认现有的产业发展路径 ↑ 各地政府根据自身的优势选择物联网的产业应用方向，物联网产品种类数量激增

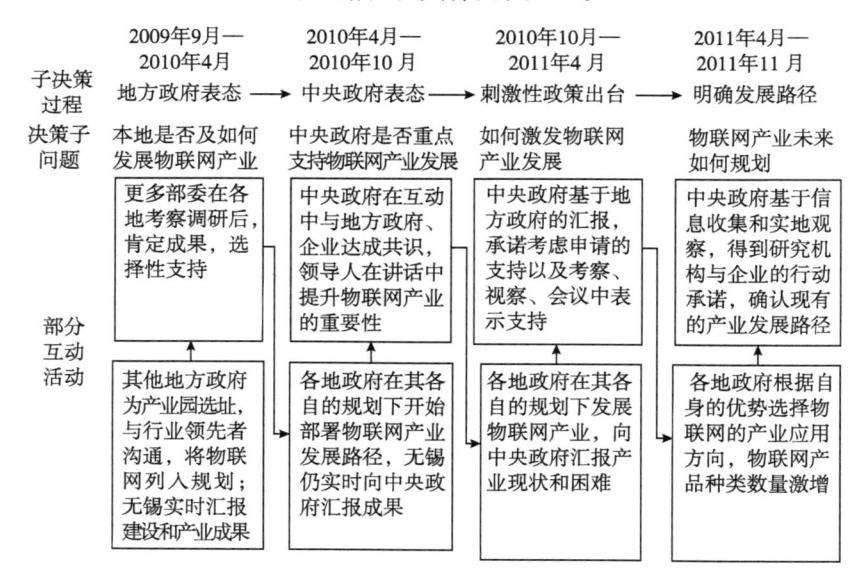

图4.6 产业规划决策过程的子决策过程及部分互动活动

二 引发物联网产业政策决策的最初事件

在对中国三个物联网产业政策决策过程的初步梳理后，我们发现三个产业政策决策的最初议题虽不同，但均由一些最初事件引起（见表4.1）。

（一）技术确认决策过程

在这个决策过程中，最初的决策议题是关于"无线传感网技术如何发展"，这个议题的最初事件可以追溯到研究机构所实现的技术突破。这项技术突破引起了中国科学院及其下属研究机构的关注，它们开始认识到无线传感网技术的潜力和其在国际上逐渐受到重视的情况。因此，这些研究机构建议政策决策者深入思考如何继续支持和推动无线传感器网络技术的发展。这些建议触发了一系列的政策讨论，包括如何为该技术提供更多的研发资金、如何制定相关的法规和标准以促进技术的应用，以及如何培养和吸引更多的科技人才投入这一领域。这些讨论最终吸引了中央政府的关注，并成为政府决策的一部分。这个过程凸显了研究机构在引领技术创新和推动政策议程方面的重要作用。同时，政府在认识到技术的重要性后，积极响应并参与到决策过程中，以确保国家在这一领域的竞争力和创新能力。这种协同合作的模式有助于推动技术领域的发展，也反映了政府与科研机构之间的互动关系。

（二）基地建设决策过程

在这个决策过程中，最初的决策议题是关于"无线传感网技术研究及产业化能力如何建立"。这一议题首次引起关注是由于无锡市政府在2006年的经济转型计划中，积极邀请中国科学院上海微系统与信息技术研究所合作共建中国科学院无锡高新微纳传感网工程技术研发中心。无锡市政府提供了丰富的资源和支持，促成了双方的合作。中国科学院上海微系统与信息技术研究所在这一合作中，凭借其拥有的在物联网技术领域的顶尖专家，将相关的知识与技术转移到了无锡。

随后，IBM公司提出"智慧地球"的概念，使物联网产业的战略重要性更加受到关注。工业和信息化部开始进行相关调查。中国科学院上海微系统与信息技术研究所因其对物联网产业的深刻了解,被委托组织开展相关调研。

与此同时,无锡市政府将物联网技术应用于太湖治理,并取得了显著成果。中国科学院无锡高新微纳传感网工程技术研发中心的核心成员还参与了一些重要项目,如奥运会安保和浦东机场的防入侵设备等,进一步巩固了无锡在物联网行业中的地位。这些成绩和经验成为无锡展示其作为"感知中国"中心的重要依据。

由此可见,各级政府与科研机构之间的互动为无线传感网技术的发展和产业化打下了坚实的基础。同时,无锡市政府的积极投入和政策支持也对这一领域的成功发展起到了关键作用。这个过程凸显了多方互动推动新兴技术的应用和产业化的重要性。

(三) 产业规划决策过程

在这个决策过程中,最初的决策议题是"物联网产业如何发展",而引发这个决策议题的最初事件则是 2009 年 8 月 7 日国家领导人在无锡视察时提出至少三件事情可以尽快去做:一是把传感系统和 3G 中的 TD 技术结合起来;二是在国家重大科技专项中,加快推进传感网发展;三是要在激烈的竞争中,或者是逼人的形势下,迅速地建立中国的传感信息中心(园区),或者叫"感知中国中心(园区)"(国务院办公厅,2009)。这不仅肯定了无锡在物联网领域所取得的成就,还将其确定为物联网产业的重要基地。这一举措使无锡赢得了中央政府的支持,也鼓励了更多地方政府和企业采取类似的行动,推动了物联网产业的发展。

综上所述,我们发现从最初的决策议题的提出到最后的产业规划政策出台的三个政策决策过程分别跨越了七年、四年以及两年。在这些过程中,决策者认识到制定精准的政策对于物联网产业的成功发展至关重要,因此愿意投入时间和精力来深入了解并制定相应的政策。中央政府的指导性意见为政策制定提供了明确的方向,推动了物联网产业的快速发展。这个例子凸显了政府在引导新兴产业发展方面的重要作用,以及政策决策的时间跨度和复杂性。

三 子决策过程与阶段性事件

宏观层面的产业政策制定的过程被分成几个子决策过程，并且在相应的子决策过程中，政策决策者逐步回答其中的阶段性问题。

（一）技术确认决策过程

在技术确认决策过程中，第一个子决策过程是趋势认可。虽然中国科学院及其下属的研究机构在无线传感器网络技术方面实现了技术突破，并进行了可行性试验，但是否能够获得中央政府的支持成为研究机构是否能够继续开展技术研发和产品试验的关键。决策者面临着众多新兴技术的选择，需要从中选取具备发展成为新兴产业潜力的技术，这是一个具有挑战性的任务。

一旦决策者明确了继续支持传感器网络技术研发的决策，接下来的子决策过程就涉及对无线传感器网络技术的范围和定义的理解。尽管行业的大范围已经确定，但具体的技术路线在一个行业中可能有多种选择，这些选择可能是兼容的，也可能是竞争关系。因此，决策者需要深入了解无线传感器网络技术的各个方面，包括其应用领域、技术特点、发展趋势等，以便更好地制定相关政策和战略。

这个决策过程凸显了政府决策者在面对快速发展的技术领域时所面临的挑战。他们需要对各种技术进行认可和评估，以确定哪些技术具有最大的发展潜力，并且需要明智地分配资源以支持这些技术的研发和应用。这一过程需要深入的专业知识和全面的了解，以便做出明智的决策来推动新兴技术产业的发展。例如，作为物联网核心技术——标签技术就存在三条技术路线，如表4.3所示。

表 4.3　　　　　各种标签技术的比较

标签种类	扫描速度	信息读取距离	数据容量	数据更新能力	不可更新环境要求	读取穿透性
条形码	一次只能读取一个标签信息	光束范围内	小，100Byte 内	不可更新	污损即无法读取	必须无阻挡读取
二维码	一次只能读取一个标签信息	光束范围内	约 1KB 大	不可更新	污损50%以内仍可读取	必须无阻挡读取
RFID	可同时读取多个标签信息	无光束，数米范围均可	约 128KB	可反复读写	抗污损	可穿透通信

从表 4.3 中可以发现，条形码技术是在这三类标签技术中处于相对劣势地位，虽然 RFID 在防伪性、便捷度、信息容量等性能方面具有其他标签技术不可比拟的优势，但其昂贵的成本使二维码技术同样显示出其强有力的竞争优势，除此之外，RFID 读取设备价格也较高，二维码仅凭普通智能手机就可读取。因此，在这个阶段，政策决策者需要了解无线传感网技术的边界，产业链上下游存在的多种技术路线，并将其进行比较，选出最为合适和具有竞争力的技术路线。仍以标签技术为例，2006 年最终出台的《国家中长期科学和技术发展规划纲要（2006—2020 年）》明确将二维码与 RFID 技术同时列入其中。

在确认了基本技术路线之后，政策决策者需要深入了解无线传感器网络技术的应用价值。在前两个子决策过程中，该技术已经得到了中央政府的充分支持，项目种类逐渐增多，技术应用逐渐成熟。地方政府逐渐参与其中，尤其是研究机构与地方政府的合作项目使技术应用试验成为可能。这一阶段的合作项目，如宁波的智能监测网和嘉兴市的航运监测系统等，为中央政府的政策决策者提供了了解该技术实际应用价值的机会。

国家层面的政策制定意味着国家准备将某项技术进行全面部署和推广，使其能够在政策框架下快速成长为某一行业的主导技术。因此，在这个子决策过程中，政策决策者需要在综合前面三个子决策过程的基础上，选择最终的技术路线并确定技术应用市场的方向。这一决策需要考虑技术的实际应用领域、市场需求、潜在竞争对手等因素，以确保政策的有效实施和技术的成功应用。

这个阶段凸显了政府决策者在将新兴技术引入市场时所面临的挑战。他们需要深入了解技术的潜在应用领域和市场机会，以便有效地制定政策和战略，推动技术的广泛应用，从而实现经济和社会的发展目标。这需要政策决策者具备对技术和市场的敏锐洞察力，以便做出明智的决策，为技术的成功应用创造有利条件。

（二）基地建设决策过程

在基地建设决策过程中，第一个子决策过程存在于地方政府层面，其需要回答的决策事项为地方政府如何发展当地的物联网产业。

2006年，将无线传感网技术视为当地的重要潜能行业的地方政府并不多，只有无锡、上海、宁波、嘉兴等。其中，宁波、嘉兴与中国科学院上海微系统与信息技术研究所存在多次的合作，上海更是拥有技术、财政以及地理优势，而最终吸引到中国科学院上海微系统与信息技术研究所的地方政府为无锡市政府。从2009年9月20日中央电视台的《财经》栏目对当事人的采访中，我们能够发现无锡市产业创新的环境和政府的重视程度打动了掌握核心技术的研究员。同时，无锡市政府还积极鼓励当地已经发展起来的IC企业向无线传感网技术倾斜，实现两个产业的整合与衔接。通过这样一些举措，无锡市政府完成了产业园的建设，吸引了最先进的技术人才，构建了培育产业创新的环境等工作，具备了成为中央政府的备选方案的实力。

2008年，中央政府启动了一系列推动中国物联网产业发展的设想和措施。在中国，为了降低出台的政策对全局部署的影响，政府往往采取"政策试验"的方式。这种政策试验的方法在保持可控性的情况下又富有创造性（周望，2011）。产业基地作为产业发展的"试验田"，完成了产业发展的每个阶段的前期准备，为形成规模化和产业化提供了基础。在战略性新兴产业的发展过程中，政策决策者需要更加谨慎地考虑谁具备了建设示范基地的能力。一方面，各地政府在物联网产业建设中的进展不同，政策决策者需要准确识别那些真正积极推动物联网发展的行动者。另一方面，尽管一些地方政府在物联网产业发展初期表现积极，但要成为起示范作用的典范，不仅要在技术应用方面取得显著成绩，还需要在未来持续引领更大范围的物联网产业快速发展，具备其他地区无法比拟的核心竞争力。因此，在众多地方政府中，选择具备建设示范基地能力的行动者，成为政策决策者在这一阶段必须解决的阶段性事项。

在选择了示范基地后，成为物联网产业示范基地的地方政府需要成立相应的组织来对产业基地的发展进行初步的规划。对于传统产业来说，产业基地的出现更多的是为了实现产业集群（龚玉环、卜琳华、孟庆伟，2009），而对于战略性新兴产业来说，由于中国与西方发达国家几乎同时起步，技术与产业发展的路径均需要依靠自身探索，战略性新兴产业发展的各个阶段都存在试验的可能性和必要性。虽然在技术确认决策过程中，研究机构与地方政府仅仅是开始合作项目，并没有明确开展产业基地建设，但这一决策过程中的成果为后续基地建设决策的启动奠定了基础。在无锡获得身份认证后，如何明确基地建设的法规程序和工作重点，是对无锡市政府的一项重要考验。确保法规程序清晰、工作重点明确，将有助于无锡在物联网产业发展中发挥示范作用，并推动产业的进一步繁荣。

随之而来的是这个决策过程的最后一个子过程，即中央政府需要对产业基地的未来发展给予指导和方向的明确。战略性新兴产业发展的不确定性使政策决策者对行业进行指导的困难不言而喻。因此，他们需要在更加密集地组织专家会谈、听取专家意见或者实地参观后，对地方政府提交的方案进行审查与批复。2010 年 3 月，中央政府批复了无锡市政府提交的《无锡国家传感网创新示范区建设总体方案和行动计划（2010—2015 年）》，完成了这个子决策过程。

(三) 产业规划决策过程

在产业规划决策过程中，第一个子决策过程同样存在于地方层面，当发展物联网产业的提议被提出后，中央政府将在未来一段时间内逐渐投入更多的精力来促进该产业的发展，更多的地方政府随即开始筹备当地物联网产业的发展。比起基地建设决策过程，在这个过程中启动物联网产业的地方政府所面对的风险相对要小一些。因此，在这个子决策过程中，政策决策者看到了地方政府发展物联网的决心。地方政府明确的扶持措施、全力以赴的规划推广以及清晰的实施步骤，为政策决策者提供了可靠的依据和信心。

随着物联网产业在地方层面出现越来越多的成果，政策决策者需要展示自己的积极态度来进一步激活地方政府和整个行业的激情。首先，中央政府领导不断强调物联网产业的重要性。例如，2009 年 11 月 3 日，《让科技引领中国可持续发展》的报告提出"我们要着力突破传感网、物联网的关键技术，及早部署后 IP 时代相关技术研发，使信息网络产业成为推动产业升级、迈向信息社会的'发动机'"（国务院办公厅，2009）。2009 年 12 月 27 日，中央政府再次强调

"物联网就是传感器加互联网，也就是说通过传感器可以将互联网运用到基础设施和服务产业，它有着广阔的前景"（中国政府网，2009）。2010 年 3 月 5 日，第十一届全国人民代表大会第三次会议提出"加快物联网的研发应用"。其次，为了把技术创新、产业化以及培育市场的三件大事做好，2010 年 1 月，工业和信息化部牵头成立了一个全国推进物联网的部际领导协调小组，其成员组成包括国家发展改革委、教育部、科技部、财政部、国土资源部、税务总局、中国科学院以及江苏省人民政府。这些小组成员均前往无锡视察、考察当地的物联网产业发展现状和基地建设情况，并对无锡所取得的成果给予了高度的肯定，承诺将提供支持与帮助。同时，他们还对北京、上海、杭州、深圳等物联网产业发展势头良好的其他城市进行了视察与考察，"摸底"全国的物联网产业发展现状。政策决策者用行动展示了重点支持物联网产业发展的决心。

在此之后的第三个子决策过程，政策的出台是由中央政府和地方政府共同推动的。从表 4.4 中可以发现，国务院、国家发展改革委、工业和信息化部、科技部、财政部等各部委均出台了政策来推动物联网产业的发展，在地方政府层面，以无锡为例，政策种类更加繁多，从各个维度对当地物联网产业进行了全方位的支持。

表 4.4　　　　　　　物联网产业政策示意

发布主体	时间	政策名称
国务院	2010.10	《国务院关于加快培育和发展战略性新兴产业的决定》
国务院	2011.3	《关于国民经济和社会发展第十二个五年规划纲要的决议》
国家发展改革委	2011.3	《产业结构调整指导目录（2011 年本）》
财政部	2011.4	《物联网发展专项基金管理暂行办法》
财政部	2011.6	《基本建设贷款中央财政贴息资金管理办法》
工业和信息化部等五部委	2011.4	《关于加快推进信息化与工业化深度融合的若干意见》
科技部	2011.7	《国家"十二五"科学和技术发展规划》
无锡	2010.4	《为促进全市物联网发展强化知识产权司法保障的实施意见》

续表

发布主体	时间	政策名称
无锡	2010.5	《无锡市物联网产业发展规划纲要（2010—2015）》
无锡	2010.7	《关于更大力度实施无锡物联网应用示范工程建设3年行动计划》
无锡	2010.7	《关于更大力度培育发展战略性新兴产业六年行动计划（双倍增计划）》
无锡	2010.8	《无锡市人民政府关于聘请无锡市物联网发展顾问和专家的通知》
无锡	2010.8	《关于更大力度吸引物联网技术和产业高层次人才三年行动计划》
无锡	2011.2	《无锡市国民经济和社会发展第十二个五年规划纲要》
无锡	2011.4	《无锡市物联网应用示范项目认定及扶持实施办法》
无锡	2011.4	《无锡市物联网企业认定办法》

在刺激性政策的作用下，物联网产业在2011—2012年迅速发展，逐渐形成了以北京为中心的环渤海地区，以无锡、上海、杭州为中心的长三角地区以及以深圳为中心的珠三角地区的三大区域集聚发展的总体产业空间格局。其中，北京的区域综合科研实力强劲，物联网技术研发及标准化优势明显，产业链条基本完善。无锡，作为中国物联网产业的摇篮，不仅拥有传感器、集成电路、智能计算、软件和信息服务业等坚实的产业基石，更凭借"感知中国"的殊荣，致力于成为物联网应用领域的"领头羊"。上海，以世博园物联网应用示范为起点，积极在嘉定、浦东等地打造物联网产业基地，并通过设立"上海物联网中心"，力求在物联网产业链的高端占据一席之地。杭州在传感元器件制造领域表现突出，凭借明显的优势地位，坚定实施"强两端、优中间"的战略布局，致力于完善网络构架体系，努力成为中国物联网产业高端发展和商业化应用的领军城市。深圳则依托国家超级计算深圳中心，注重物联网信息与服务平台建设，积极推动物联网在交通、物流、工业、电力、水务、金融、医疗以及社区等领域的应用示范。面对各地方政府基于当地产业基础所采取的不同的发展重点以及所取得的成效，政策决策者更需要通过长期规划，实现各地区物联

网产业共同进步的盛况。这也正是这一个决策中的最后一个子决策过程所需要回答的决策事项。

基于上面的分析，我们发现，每一个产业政策决策过程都可以被分成几个子决策过程，具有渐进式的特征。在这些子决策过程中，政策决策者在解决了每一个相对应的决策事项后，才会进入下一个子决策。这些决策事项环环相扣，逐渐递进，最终解决了产业政策的最初决策议题。在公共政策决策中，学者也提出渐进式概念，主要是指为了追求重新定义的政策目标而对现行的脚步进行微调整（Gergory，1989）。随着战略性新兴产业的发展，产业政策决策并不是一蹴而就，也不是微调整，而是一个摸索的过程，其目的是独立和审慎解决阶段性决策事项。

四 微观政策工具致力于解决阶段性政策事件

从上述的分析，我们还发现在每个决策子过程中存在大量的多方互动活动。这些多方互动由中央政府、地方政府、研究机构与企业发起，并且在互动过程中，政策决策者通过与不同层级的政府、产业行动者反复交流一步步获得了政策决策所需要的信息，并且实现了对产业行动者（企业与研究机构）进行技术研发、应用以及产业基础建设的鼓励和推动。

毋庸置疑，这些互动对于推动战略性新兴产业的政策决策起到了关键的作用。问题是，它们是如何发挥作用的。通过对文本资料的分析，我们发现在这些子决策过程的频繁互动中，政府经常对项目成果表示认可，并支持物联网相关企业的研发工作，强调物联网行业的广阔前景。此外，政府还对某些技术路线和应用方向表现出兴趣，并在合作和会议中签署了物联网相关项目的合作协议。这些具有推动力的互动内容正是互动各个主体所期待的。它们形成在多次的互动中，并在随后的互动中实施。由于这些互动内容仅仅出现在宏观政策决策的子决策过程中，并不是直接在宏观层面上发挥作用，因此我们将其命名为"微观政策工具"，并对其进行了定义，即非正式的政策，主要是中央政府为了激励产业行动者和地方政府的积极行为，或是地方政府为了推动产业行动者的积极行动，通过表达支持或签署合作协议等方式。虽然这些并不是正式出台的政策法规，但其所具备的政策导向功能在推动战略性新兴产业政策决策中起到了重要作用。存在微观政策工具是因为在战略性新兴产业的发展中，宏观的产业政策决策所需要的信息通常并不存在，这需要政府与产业行动者一步步行动去获得。但是，考虑到战略性新兴产业所具备的不确定性与风险，研究机构与企业需要更多的来自政府的鼓励和推动，才会进行技术研发、应用、产业基础准备活动。

仅仅列出这些主要的微观政策工具和明确其战略意义并不是特别有帮助和具有研究意义，为了进行有用的比较，我们认为有必要对识别出的微观政策工具进行分类。类似于 Rothwell 和 Zegveld，我们总结出微观层面的政策工具主要包括需求面、供给面和环境面（见表 4.3）。政府对一些技术或潜在市场展示出兴趣、签订合同等，是政府通过使用需求来影响行业发展的重要途径。政府通过提供技术、人力、财务等支持，普及物联网知识，进行建议和指导，是政府采用供给措施促进行业发展的关键策略。在视察和考察过程中，政府对一些研究机构和企业的评价以及中央政府对地方政府的赞扬，通常具有政策导向的作用。这些组织可能会优先"感知"政策方向并获得更多支持，从而在营造良好的产业环境中发挥重要作用。

另外，在基地建设和产业规划两个政策决策过程中，微观政策工具的形成与实施分为中央与地方两个层级，也嵌入在战略性新兴产业的各个发展阶段。在萌芽期，这些微观政策工具的使用者主要是中央政府，其目的是确认技术路线，推动无线传感网的技术发展。在孕育期和培育期所对应的基地建设与产业规划两个决策过程中，地方政府实施这些微观政策工具主要是为了构建地区竞争优势与推动地方物联网产业的进步，而中央政府则是为了激发地方政府和行业行动者的行动。因此，从图 4.3 与图 4.4 中可以发现在后两个创新政策决策过程中，地方政府首先感知到了中央政府的"决策事项"，并先行采取了相应的行动。原因包括以下两点。

第一，由于战略性新兴产业具有技术和经济的巨大不确定性，中央政府更倾向于采取模糊的、宽松的方式进行政策决策（陈玲、林泽梁、薛澜，2010）。在这种背景下，地方政府提前部署物联网，是为了在战略性新兴产业的发展中占据先机。通过积极推动物联网技术的应用和产业化，地方政府希望在科技创新和经济转型方面取得领先地位。这不仅有助于提升区域经济的竞争力和可持续发展能力，还能吸引更多的投资和高端人才，从而促进地方经济的全面升级。此外，地方政府的早期部署可以为全国物联网产业的发展提供示范和借鉴，推动整个国家的科技进步和产业升级。尤其是中央政府多次在各种场合强调发展物联网产业的重要性，这是对战略性新兴产业的关注与支持。中央财政投入和创新政策的倾斜方向，为地方政府带来了显著的经济激励。这种支持推动地方政府积极部署物联网，提升区域经济竞争力和吸引投资，进一步促进科技进步和产业升级。

第二，中央政府回答决策事项的第一步是从基础较好的地方政府中选择试点并进行支持的方式来开展产业能力建设和产业规划工作的。地方政府意识到战略性新兴产业政策的重要性，并基于中央政府的关注程度判断政策实施过程中可能投入的资源。因此，整合现有资源并在中央政府的政策决策过程中展示自身实力与意愿，成为中央政府的备选方案之一，可以帮助地方争取到更多的经济利益和政策支持。通过这种方式，地方政府不仅推动了区域经济发展，也为全国产业发展提供了有效的示范和借鉴。

根据上述分析，我们得出以下结论：

结论 4.1：推动战略性新兴产业发展的产业政策决策过程包括多个渐进式决策阶段，且每个阶段解决了相应的渐进式决策事项。这些决策事项环环相扣，逐渐递进，最终解决了宏观政策的最初决策议题。

结论 4.2：在一些产业政策决策过程中，出现了时间错位现象，这源于部分地方政府基于本地产业的需求和发展，提前进行了相关部署。

结论 4.3：这些渐进式决策事项的解决涉及在多方互动中形成并得以实施的微观政策工具。这些微观政策工具直接促进了地方政府、企业与研究机构进行研发和产业化行动。

物联网产业政策决策过程中的微观政策工具见表 4.5。

表 4.5　物联网产业政策决策过程中的微观政策工具

政策决策过程	渐进式决策过程										
	技术确认决策过程（1999年—2006年2月）				基地建设决策过程（2006年3月—2010年3月）				产业规划决策过程（2009年9月—2011年11月）		
决策议题	WSN技术如何发展				WSN技术研究及产业化能力如何建立				IOT产业如何发展		
决策事项	技术识别	应用识别	技术规划		地方产业园准备	国家级身份获取	组织及规则完善	建设规划部署	地方政府表态	中央政府表态	刺激性政策	明确发展路径
	WSN技术是什么	WSN技术的应用价值是什么	WSN技术如何全面推进		无锡如何发展当地的物联网产业	谁具备建设示范基地的能力与资格	示范基地的运营规则是什么	示范规划未来思路是什么	本地是否及如何发展物联网产业	中央政府是否支持物联网产业发展	物联网产业如何发展	物联网产业如何发展规划
需求面	签署无线传感网研究的合作项目				对无线传感网的重要性和必要性表达兴趣；签署购买无线传感网相关产品的合同				对物联网产业的潜在市场表示出明显的兴趣；签署购买物联网相关产品的合同		
供给面	承诺为R&D项目提供技术、人力以及一些财政支持				表达合作支持；宣布建设物联网示范基地；承诺在税务与土地资源等方面提供建设优惠条件；承诺为R&D组织免费提供土地资源				承诺直接拨款；承诺基础好的地方政府、研究机构与企业部署与物联网的知识普及；指示支持		
环境面	对拥有最先进技术的研究机构表示肯定与欣赏；建议当地的公司开启与物联网相关的R&D；承诺提供优惠条件				表达合作意愿；承诺在税务与土地资源等方面提供建设优惠意见；赞赏已取得成果与取得成果相关的组织；承诺解决现有组织的困难				表达合作意愿；承诺提供专利、税务等优惠条件；提供建设性意见；赞赏已取得成果与取得成果相关的组织；承诺解决现有组织的困难		

第五节 本章小结

虽然公共管理与管理学从不同的视角对政策决策过程进行了分析与讨论，并有了丰富的研究成果，但是当涉及战略性新兴产业的产业政策决策过程时，我们认为还是有必要进行更多的关注。除了已有文献反复提及的战略性新兴产业的不确定性，我们还必须考虑中国政府在战略性新兴产业政策决策过程中所遇到的前所未有的困难。在传统产业和高新技术产业的发展中，我们可以将别国运作的产业结构和政策体系拿来学习并加以改进。但是，如今我们所定义的战略性新兴产业在美国、欧盟、日本等西方发达国家或地区也同样处于早期发展阶段，并被列入其本国的新兴产业发展目录，所以，我们只能靠着政府和行业行动者共同摸索和推动。在中国，长久以来，政府在产业发展过程中扮演着重要角色。在战略性新兴产业的发展过程中，行业行动者也同样期待政府出台一系列刺激产业发展的政策。必须承认，在政策决策过程中，政府需要参考行业参与者提供的信息，这增加了决策的不确定性和压力。

本章解释了在战略性新兴产业的政策决策过程中，政策决策者是如何进行政策决策的。首先，我们把案例对象——物联网产业的三个产业政策决策过程进行了清晰的阐述。其次，从对引发产业政策决策的最初事件、子决策过程与阶段性事件的分析中总结出其渐进式的特点。最后，揭示了多方互动的大量存在及其所发挥的重大作用，即微观政策工具的形成与实施。通过本章的研究，我们不仅为政策决策过程理论提供了新的视角，即强调演进逻辑关系的渐进式，还通过微观政策工具为多方互动如何帮助政府进行高质量政策决策的研究奠定了基础。

第五章 基于证据的战略性新兴产业高质量政策决策过程中的政府与企业

——以物联网产业为例

第一节 基于证据的政策决策理论

一 基于证据的政策决策的概念与历史

基于证据的政策决策（Evidence-Based Policy，EBP）是一种政策制定和实施方法，其核心理念是将可靠和科学的证据与政策决策相结合，以提高政策的效果和效率（Head，2010；Botterill and Hindmoor，2012）。EBP 旨在确保政府和政策制定者在制定政策、计划和项目时，不仅仅依赖于传统的观念、经验和政治立场，而是基于已有的科学研究、数据分析和实证证据来指导它们的决策。

具体来说，EBP 通常包括以下关键元素：

（1）证据收集与评估。政府和政策制定者需要收集和评估相关领域的可靠数据和研究成果。这包括定性和定量数据、实地研究、实验和评估研究等。

（2）证据合成和分析。获得的证据需要经过系统合成和分析，以确定政策选项的有效性、成本效益和可能的影响。

（3）政策制定和实施。基于证据的政策决策通常涉及制定、调整和执行政策、法规、计划和项目，以最大限度地利用已有的证据。

（4）监测和评估。政策在实施后，需要进行定期监测和评估，以确定政策是否达到了预期的结果，并根据评估结果对政策进行调整。

（5）透明度和参与。EBP 强调透明度，政府应当与各利益相关者共享使用的证据，同时也应鼓励公众参与政策制定过程，以增加政策的合法性和接受度。

基于证据的政策决策的发展历史可以追溯到 20 世纪中期以来的一系列关键事件和发展。20 世纪 50 年代至 60 年代初，医学领域首次引入了"Evidence-Based Medicine"（EBM，循证医学）的概念。医生开始更多地依赖科学研究和临床试验结果来指导医疗决策，以提高患者治疗的效果。70 年代和 80 年代，EBP 的理念开始传播到其他领域，如教育、社会政策和公共管理。研究者和政策制定者开始认识到，政策和实践应该基于可靠的证据而不是仅仅依赖于传统或常识性的方法。90 年代，循证医学的成功启发了 EBP 在其他领域的应用。政府部门和研究机构开始鼓励政策制定者使用科学证据来支持政策决策。自 2000 年开始，EBP 成为政策研究和政策制定的核心理念。政府和国际组织开始建立循证政策制定的框架和指南，以促进政策决策的科学基础。随后，一些国际机构，例如，世界卫生组织（WHO）、联合国儿童基金会（UNICEF）等国际组织积极支持 EBP 的应用，特别是在卫生、教育和社会发展领域（林晓、谢学勤、郝元涛，2019）。近年来，随着信息技术和数据分析工具的进步，政策制定者能够更轻松地访问、分析和利用大规模数据来支持决策，这进一步推动了 EBP 的发展。

越来越多的国家政府已经采取了措施，要求政府部门在政策制定中使用科学证据，并建立了循证政策制定机构来支持这一目标。这些国家通常也进行政策影响评估，以确保政策的有效性。英国是循证政策制定的先驱之一。政府成立了英国政府循证政策制定小组（UK Government What Works Network），负责提高政府政策质量。此外，英国还建立了政府社会研究服务（Government Social Research Service），专门负责提供研究支持政策制定。加拿大、新西兰、瑞典政府致力于推动基于证据的政策决策，鼓励政策制定者使用研究和数据来指导政策。这些国家在政策制定中广泛使用基于证据的方法，并支持政府各部门建立政策分析和研究部门，以促进政策的科学化。

除了上述已经成立的研究所或者广泛使用基于证据的政策决策方

法的国家，许多其他国家也在不断努力推动政策制定的科学化，以提高政策的质量和效果。因此，循证政策制定已经成为国际上被广泛接受的最佳实践之一，有助于改进政府的政策制定和实施。

二 EBP 在战略性新兴产业政策决策中应用的基本逻辑

基于证据的政策决策的兴起有多种原因，这些原因反映了对政策制定和实施更加科学化和有效性的需求。其应用在战略性新兴产业政策决策的基本逻辑具体如下。

第一，政策效果的关注。政府和公共机构对政策的实际效果越来越关注（薛澜，2018），这在战略性新兴产业的背景下尤为明显。战略性新兴产业通常包括科技、绿色能源、数字经济等领域，它们被视为未来经济增长和创新的关键驱动力。在这些领域，政策制定者面临着重大决策，需要确保政策投资能够最大化社会和经济效益，同时保持国际竞争力。实际上，政策决策过程中的诸多因素，例如知识型专家的参与政策问题界定和方案选择（孙岩、刘红艳，2019）、政策决策者的认知水平（薛澜，2018）以及公众态度（李大治、王二平，2007）等都会对政策决策质量产生重要影响。然而，通过 EBP，政府可以更好地应对复杂性和不确定性，确保政策投资能够产生最大的社会和经济效益，促进国家的可持续发展和国际竞争力。这也有助于提高政策的透明度和合法性，满足公众对政策决策的期望。

第二，知识爆炸。战略性新兴产业领域，如科技、绿色能源和数字经济，正经历信息和知识的爆炸性增长。这些领域在全球范围内迅速发展，涵盖广泛的科学研究、技术创新和市场动态。在这种情况下，政策制定者面临了巨大的数据和信息量，它们可能涵盖各种各样的主题和领域，政府需要确保政策基于最新的科学研究和技术趋势。EBP 强调科学证据的使用，为政府提供了一种方法来有效处理这一挑战（Prud'homme，2016）。通过使用科学证据、数据和研究结果，政府可以更好地应对信息的复杂性，制定更好的政策，促进战略性新兴产业的可持续发展和创新。这有助于确保政府资源的有效使用，支持经济增长，满足公众需求，同时减少政策的不确定性。

第三，资源有限性。七大战略性新兴产业发展步调不一致，政府面临着巨大的挑战，需要在不断增长的需求和有限的资源之间取得平衡。面对资源的有限性，政府可以利用 EBP 来更好地分配有限资源，以支持战略性新兴产业的发展。通过基于证据的方法，政府可以确定哪些产业或项目具有最大的潜力，以实现社会和经济效益（黎文靖、郑曼妮，2016）。这可以帮助政府避免资源的浪费和分散。同时，通过 EBP，政府可以在政策实施后对其效果进行评估。这有助于政府了解哪些政策措施取得了成功，哪些政策需要调整或放弃。这种反馈机制有助于资源的有效分配。通过依赖科学证据和数据，政府可以更加精确地选择和优化政策，确保资源的最大化利用，促进战略性新兴产业的可持续增长和发展。

第四，政策复杂性与不确定性。战略性新兴产业政策通常涉及多个领域和利益相关者，包括政府、企业、学术界等。政策制定者需要考虑各种各样的因素，如技术发展、市场需求、竞争力等。EBP 可以帮助政府更好地厘清政策问题的复杂性，将各种信息和证据整合到政策制定过程中，以制定综合性和协调的政策。新兴产业领域的不确定性较高，因为这些领域通常涉及创新和新技术的发展，而且市场条件可能随时变化。政策制定者需要应对不确定性，以减少政策决策的风险。EBP 可以帮助政府更好地评估政策选项的潜在风险和回报，并在决策中考虑不确定性因素。由于政策复杂性和不确定性，政府需要建立政策评估和调整的机制。EBP 鼓励政府对政策实施后的效果进行监测和评估，以了解政策是否取得了期望的效果，并在必要时进行调整。这有助于及时纠正政策中的问题。

三 基于证据的战略性新兴产业政策决策的必要性

近年来，供给侧结构性改革需要政府处理好规划供给问题，战略性新兴产业的发展不仅需要政府通过改进政策决策实现有效的政策供给，从长远来看，更是需要通过推进创新驱动发展战略来创造新的经济增长点。这离不开政府把供给侧结构性改革融入推动新旧动能转换，做大做强战略性新兴产业集群的政策决策中。

战略性新兴产业的政策设计与政策实施实际上依靠的不仅仅是政府，也包括企业、科研机构等众多组织形式。在政策设计过程中，优化产业政策内容可以促进经济增长和福利增进（黄先海、宋学印、诸竹君，2015）。政府需要仔细思考产业政策的内容，确保政策与市场需求、创新动力相匹配。这意味着政府需要更清晰和精准地了解企业的政策需求。同时，企业也需要认识到自身的核心在于创新，它们是推动改革和产业升级的重要推动力。

在政策实施过程中，信息外部性和协调失灵可能会成为障碍。为了克服这些挑战，学者建议政府通过处理好其与市场的关系进行调节（孙早、席建成，2015；江飞涛、李晓萍，2018）。这不仅可以提高政策执行的效率，还可以增加政策的可行性，实现高质量的战略性新兴产业政策供给。

政府与企业之间的各种互动成为帮助政府撬动掌握在企业手中的信息与数据来进行政策决策的桥梁。政府需要更多地依赖企业提供的实际数据和洞察力，以更好地了解市场的需求和机会。与此同时，企业可以通过积极参与政府政策的制定过程来加深和准确理解政策，从而更好地挖掘自身的潜在能力（黄群慧，2016）。政府与企业之间的互动可以加强政策的基础，确保政策更加符合实际需求（田志龙、史俊，2015）。

政府与企业需要共同致力于政策的决策、推进和落实，以推动产业发展。政府的政策制定和监管作用与企业的创新和执行能力相互补充，共同推动产业的发展和提高国家的竞争力（Prud'homme，2016）。这种合作关系对于实现经济增长和福利提高至关重要。政策制定者和企业之间的密切互动和合作可以创造更有利的政策环境，为战略性新兴产业的繁荣和可持续发展铺平道路。

四 战略性新兴产业政策决策中的政府与企业

政府和企业在战略性新兴产业发展过程中扮演了重要角色。由于战略性新兴产业具有技术、市场、组织的不确定性，政府对产业进行指导是非常困难的。虽然政府不断出台政策来调整已有制度与新生市场的不匹配，鼓励行动者投身于战略性新兴产业发展进程，但政策实施效果并不总是可以达到预期，究其原因是政府仍缺乏对行业信息的深入了解和全面把控。然而，战略性新兴产业的发展离不开政府初期科学合理的干预，因此，首要任务便是提高政策决策质量。

现有研究表明战略性新兴产业中的企业倾向于先做技术与产品，在政府逐步给予支持的情况下再继续进行研发投入，也就是说企业需要看到政府的行动来降低所感知的不确定性，增加投资动力（Ring, Bigley, D'Aunno and Khanna, 2005）。因此，政府需要收集决策信息以确保能够提供有效的产业政策来激发企业启动技术研发及市场应用的探索（余东华、吕逸楠，2015）。同时，学者还发现战略性新兴产业的创新实际上是科学发现和科学技术的重大突破直接推动的产业创新（Prud'homme, 2016）。因此，产业行动者还包括大学以及各类研究机构（如中国科学院）（田志龙、史俊，2015）。研究机构可以为战略性新兴产业中的企业提供理论指导，为政策决策者提供专业意见（Knaggård, 2014）。同时，部分研究机构进行转型，成立新创企业，直接将理论应用于实践。政府若要实现有效的战略性新兴产业政策供给，则需要与企业、研究机构进行积极的互动。然而，已有的相关研究强调企业通过与政府互动来促使政府对竞争对手给予管制，以便获取优于竞争对手的政策，或者通过政策影响上下游企业，以便赢得讨价还价的能力，获取竞争优势（Tian, Hafsi and Wei, 2009）。政府如何通过互动鼓励企业和研究机构帮助其精准定位政策需求，从而提高政策决策质量，还有待深入探讨。

目前，中国的产业政策研究主要集中在以下两个角度：一是对产业政策的选择性、干预性和管制性等特征进行分析，以指导政策方向的制定（江飞涛、李晓萍，2018）。二是考察产业政策在资源配置效率和促进产业结构调整等方面的效果，以为政策与融资渠道、生产效率、投资效率等关系提供实证经验（黎文靖、李耀淘，2014）。近年来，政策决策者和学者越来越关注产业政策的质量和实施效果的反馈，这引发了对EBP的广泛兴趣（李晓轩、杨可佳、杨柳春，2013；马小亮、樊春良，2015）。

在EBP的框架下，政策决策不仅仅依赖政府，还涉及证据生产者（如研究机构和企业）与证据使用者（政府）之间的互动。这一互动过程对于提供可靠的信息以支持政策制定和决策至关重要。然而，

EBP 的关键问题，即关于证据生产者和证据使用者之间的互动、政策决策者如何获取和利用证据的方式以及使用证据的工具的讨论，似乎在研究中不应被忽视。

（1）证据生产者和使用者的互动。在政策决策过程中，如何建立和维护政府与研究机构、企业之间有效互动的渠道至关重要。这包括信息共享、合作研究项目、政策沟通等方面，这些互动方式可以确保政策决策者获得最新的、可信的证据。

（2）证据的获取方式。研究机构和企业如何向政府提供可信的证据，以支持政策决策，这可能涉及研究方法的选择、数据的收集和分析、研究报告的传递等方面。这些问题需要考虑证据的质量、及时性和适用性。

（3）证据的使用工具。政策决策者如何有效地利用证据来指导政策制定和实施，这包括政策评估工具、政策模型、决策支持系统等，它们可以帮助政府更好地理解政策选择的潜在影响和风险。

（4）评估 EBP 的效果。如何衡量 EBP 对政策质量和实施效果的影响，这涉及建立评估框架，以确定 EBP 是否成功地提高了政策决策的质量，并为产业发展提供了更好的支持。

总之，加深对 EBP 的研究，需要更全面地考虑证据的生成、传递和使用过程中的各个环节，以实现更高效、更有针对性的政策制定和实施。这些研究不仅有助于产业政策的改进，还可以为其他领域的政策决策提供有益的经验教训。

第二节　基于证据的物联网产业政策决策中的政府与企业

一　物联网产业政策

本章将从 EBP 视角重新审视中国物联网政策决策环境的完善过程，从决策质量视角讨论中国物联网产业在短时间取得瞩目成就的原因。

第五章 基于证据的战略性新兴产业高质量政策决策过程中的政府与企业

中国物联网始于 1999 年，基本上与国际同步。在产业竞争的制高点，即物联网标准制定上，中国物联网国家标准进展迅速，并成为国际标准化的主导力量之一。自 2009 年以来，中国物联网技术进入实质性推进阶段，物联网政策环境越来越友好。

在政策数量上，直至 2015 年，中央政府部门制订和实施了十多个物联网发展专项行动计划，中央财政连续多年安排物联网发展专项资金，地方政府层面出台的政策数量更是多达几十个。2013 年，全国已有 28 个省市区将物联网产业作为发展重点，出台了相应的物联网产业规划，提出了各自的产业规模发展目标。到 2015 年，各省市有更多的政策落地实施。例如，上海仅市级财政支持物联网技术研发、产业化、应用示范和公共服务平台类项目就超过 150 个，支持金额超过 3 亿元。

在政策质量上，物联网行业的高速发展证实了产业政策供给的有效性。物联网行业的良好发展态势得到中央政府的高度重视，物联网产业多次在讲话和政府工作报告中被提及。国家层面成立了两个部际联席会议机制对物联网产业的发展进行协调，这在其他产业领域中从未出现过。2011 年 11 月，物联网成为新兴产业中第一个发布"十二五"发展规划的产业，并被提出诸如"十区百企"的具体发展目标。随着 5G 的迅速发展，5G 与物联网的融合将推动物联网作为战略性新兴产业的快速发展。

综观物联网行业的政策演进过程，本书认为表 5.1 中的三大政策推动了中国物联网产业的稳步健康发展。2009 年 8 月，中央政府领导视察无锡时，提出建设"感知中国"信息中心。同年 11 月，国务院通过《关于支持无锡建设国家传感网创新示范区（国家传感信息中心）情况的报告》，这个报告的通过意味着物联网建设已经上升到国家战略层面。2011 年，国务院通过工业和信息化部提交的《物联网"十二五"发展规划》，正式启动了对物联网行业的战略布局，确定了物联网行业的发展方向，物联网技术进入实质性推进的发展新阶段。2015 年，《国务院关于积极推进"互联网+"行动的指导意见》将物联网产业与其他相关产业融合列为发展新路径，这是对物联网行业发展的新思考。从原来强调"以网络为中心"的物物之间的通信连接转化为构建在智能机器（智能装备）之上的网络化连接和系统，创造了更大的价值。

因此，本章聚焦于1999—2015年物联网的决策过程。这是物联网从概念初现到实际应用的关键阶段。在这一阶段，物联网产业从少数参与者逐步扩展到众多参与者，并在决策过程中产生了大量的证据。地方政府、科研机构以及企业等各个组织的积极参与，提供了丰富的决策证据，使政策制定更加科学和有效。探讨这一阶段的历史，有助于深入理解证据驱动的政策如何推动物联网产业从理论到实践的发展历程，以及这些早期决策对未来产业格局的深远影响。这段历史展示了基于证据的政策决策在技术创新和产业进步中的关键作用，为未来的政策决策提供了重要的参考。

表 5.1　　基于证据的物联网产业政策决策的三大关键政策

三大政策	最初决策事项	政策的影响性	产业发展阶段	政策决策过程
《关于支持无锡建设国家传感网创新示范区（国家传感信息中心）情况的报告》	谁来带领全国发展物联网	识别出具备成为战略性新兴产业的技术和成为战略性新兴产业典型的地方政府	孕育	示范建设
《物联网"十二五"发展规划》	如何发展物联网产业	明确了物联网的发展目标、重要任务及保障措施	培育	产业规划
《国务院关于积极推进"互联网+"行动的指导意见》	如何实现物联网与其他产业的高效融合	明确了物联网发展的新路径，实现创造更大价值的可能性	培养	产业推进

为了要回答"政府是如何在互动过程中收集证据来支撑政策决策""证据生产者和使用者之间如何互动从而提高战略性新兴产业政策决策质量""证据生产者和使用者是否随着战略性新兴产业政策决策阶段而发生变化"等战略性新兴产业发展过程中亟待解决的现实问题，本书采用纵贯研究的方法开展研究。首先，我们对数据的收集进行简述，与第

四章略有不同的是，本部分选择了物联网行业孕育阶段，这主要是考虑到数据的可收集性、科学性等。因为技术确认决策过程的起止时间分别为1999年和2006年，除了中国科学院等独立的研究机构的网站上还存留少数信息，地方政府网站上只是列出了当时最为重要的数条新闻，企业网站上几乎没有保留时间如此久远的数据，无法从EBP的视角对物联网参与决策过程进行访谈和案例分析。在与专家访谈中，我们也发现这段决策历史实际上为示范建设提供了决策依据。因此，在本书中我们将这段决策与示范建设合并。

（1）访谈。采用深度访谈以及半结构访谈两种方式，共访谈18人，获得多达68页的访谈记录，深入了解三大政策的决策过程。其中，参与国家传感网无锡创新示范区的政府官员5人，中国科学院上海微系统与信息技术研究所研究员5人，大学及研究机构专家3人，企业负责人5人。

（2）新闻事件。自1999年8月至2015年12月，与三大政策决策过程相关的互动新闻520条。主要来自国务院、工业和信息化部、国家发展改革委、科技部等中央政府官方网站，无锡、上海、深圳、杭州、北京、武汉等地方政府官方网站，中国科学院、中国科学院上海微系统与信息技术研究所等研究机构官方网站，以及感知集团、阿里巴巴、华为、中兴等参与政策决策的在位企业和新创企业的官方网站。

二 EBP视角下的微观政策工具

第四章的研究表明，在物联网三大产业政策决策过程中，中央政府作为最高层面的政策决策者，将决策议题按照不同的决策阶段进行划分，确立决策事项。在每个决策阶段中，中央政府谨慎解决每一个决策事项，然后再进行下一步行动，如表5.2所示。

在宏观政策决策过程中，中央政府虽然拥有最终裁量权，但仍需要地方政府和行业内的行动者采取建设性的行动。政府通常采用政策工具，如需求、供给和环境方面的政策工具，来制定政策框架（Rothwell and Zegveld，1981）和推动新兴产业中的行动者（如企业、科研机构等）积极投身于产业发展。除了这些正式工具，政府还使用诸如一些口头赞赏、给予指令或者项目审批等一系列微观政策工具，这些工具的主

表 5.2 EBP 视角下物联网产业政策决策过程中的微观政策工具

政策决策过程	技术确认决策过程 (1999—2009 年)			产业规划决策过程 (2009—2011 年)			产业推进决策过程 (2011—2015 年)		
决策议题	WSN 技术如何发展 IOT 产业是否成为重点			IOT 产业如何规划 IOT 产业发展方向			如何引导 IOT 产业健康发展 如何引导 IOT 产业与其他产业融合		
决策阶段	地方政府试水	中央政府表态	确认发展方向	地方政府表态	中央政府表态	确发展路径	地方政府表态	中央政府表态	明确发展路径
决策事项	定义 WSN 技术及其应用价值	本地是否及如何发展物联网产业	中央政府表明推进 IOT 产业	各个地方政府积极响应	确认示范性基地的未来发展思路	刺激性政策	各个地方政府出台政策明确发展方向	中央政府强调现存问题和引导必要	完善发展路径
					中央各部委出台政策支持 IOT 产业发展	IOT 产业发展如何规划			确认 IOT 产业与其他产业融合新路径
									确认 IOT 产业健康发展路径
需求面	与科研机构签署协议以推动无线传感网等基本技术的研发和项目的推广；签署合同支持无线传感网产品的推广			对物联网技术在某些市场的应用表达极大的兴趣；签署合同支持物联网产品推广			合作开发物联网相关产品的场景应用；联合多方签署物联网及与其他产业应用融合的项目合同		
供给面	承诺为主要研发项目提供关键技术、基础设施、土地资源、科研人员，减免税收以及资金支持；表达关于 IOT 的建设性意见			指示基础较好的地方政府支持物联网技术的研究与应用；承诺为物联网行业企业减免税收，提供资金支持			指引物联网与其他产业融合的方向；在物联网+行业、"互联网+行业"提供基础设施、土地资源以及减免税等支持		
环境面	欣赏科研机构已取得的物联网相关成绩；企业开展物联网重要性研究；表达对发展物联网重要性和必要性；宣布建立物联网示范基地；高度赞赏地方政府、科研机构所取得的成绩			赞赏肯定行业内组织所取得的成绩；全民关于物联网业产业的教育；鼓励物联网行业内的各种合作			全面部署物联网与其他产业融合的相关教育，搭建教育平台；落实物联网、"互联网+相关产业"教育；高度赞赏物联网在各个行业中有效应用的组织		

要特点是它们直接作用于微观层面的行动者，收集决策证据或促使产生更多的决策证据来实现基于证据的产业政策决策。

在需求层面，政府与企业、科研机构签署协议，以促进基础技术的研发和项目的应用，承诺支持相关产品的推广，或者批准物联网行业的项目。这些互动是一种为了获取证据并刺激证据产生的重要政策工具。这种合作关系不仅有助于政府更好地理解当前和未来的技术需求，还能够主动推动创新和科研成果的涌现。政府通过与科研机构和企业建立密切的联系，可以及时了解新技术和趋势，使其能够更有效地制定政策和战略以应对挑战。同时，政府还可以通过资助研究项目和鼓励企业投入更多资源来激发科研成果的产生。这种合作还鼓励知识共享和数据开放，从而促进了创新和证据的产生，有助于社会、经济和环境的可持续发展。

政府在供给方面的作用不仅是提供经济支持，更重要的是激发决策证据的生成。政府的支持鼓励企业和研究机构进行深入的研究和创新，以满足市场需求。这种长期承诺推动了深度研究和创新，有助于产生更多的证据。此外，政府依赖企业和科研机构的研究和分析来确定资源分配与投资的方向，这有助于确保政府的支持更具针对性，更与市场需求相契合。因此，政府的介入不仅促进了经济增长和技术进步，还鼓励了研究、数据分析和决策证据的生成，为政策制定提供了更多支持。

在环境方面，政府可以通过与企业的积极互动，展示其对产业的认可和支持，从而为产业发展创造良好的氛围。这种认可基于充分的证据和数据分析，表明政府已经意识到该产业的潜力和重要性。政府与企业之间的互动可以采取多种形式，包括政策协商、资源支持、人才培训、市场推广、法规合规等。这种合作不仅有助于满足企业的需求，还促进了产业的可持续发展，为经济增长和创新创造了条件。政府的支持和合作还可以加强政府与企业之间的信任关系，为未来的合作和共同发展创造更多机会。这种互动为政府和企业提供了共同推动环境友好型产业增长的有效途径，从而实现了经济和环境的双赢局面。

微观政策工具与一般政策工具在逻辑和作用上相似，但强调了基于证据的政策决策。它们能够在短时间内生成解决政策问题所需的证据，而不需要烦琐的程序和会议。政府通过设计和实施微观政策工具，通过不断的互动和反馈，从行动者那里获取证据，鼓励他们采取具体行动，形成一个基于证据的政策决策闭环过程。这强调了政策制定过程的科学性和实用性，确保政策的成功实施。

基于上述讨论，我们提出如下结论：

结论 5.1：在战略性新兴产业宏观政策决策过程中，政策决策者通过设计和实施微观政策工具，激发地方政府和产业行动者实践，生成大量决策信息，形成用于解决决策议题的证据池。

三 EBP 视角下的多方互动方式的作用

通过对三个产业政策决策过程中的新闻事件的考察，本章发现每一条新闻标题都会明确标示互动方式，包括汇报、考察、视察、会议和合作。每一种互动方式又是不同互动行为的组合，如表 5.3 所示。基于 EBP 的视角，这些互动方式正是政策决策者所需要的关键政策决策证据的载体。

表 5.3　　　　　　　　　多方互动方式

互动方式	提供信息	收集信息	交换信息	评核方案	提供反馈	表明立场	采取行动
汇报	*		*				
考察		*	*	*	*		
视察		*	*		*	*	
会议	*	*	*	*	*	*	*
合作			*				*

注：*代表互动方式中包含的互动行为。

（1）汇报。汇报通常是由下级政府或行业行动者主动发起的，它们积极接触上级政府，以提供关键的政策决策证据或数据。这些证据包括有关科技创新、技术应用、行业趋势和社会需求的详细信息。下级政府向上级政府汇报，旨在为政策制定提供可靠的数据和分析，以帮助上级政府做出明智的政策决策。这种信息交流和证据提供是为了让上级政府能够更全面地了解问题，更准确地评估政策选择，并最终为社会的利益做出有根据的决策。汇报活动在政策制定中起到了关键的作用，确保政策决策基于充分的证据和数据，以满足社会的需求和挑战。这种自下而上的互动方式为决策者提供了高度审查的决策证据。

（2）考察。考察过程代表政府对行业行动者和下级政府进行审核，通常由执行层面的政府工作人员发起，旨在为决策者准备报告和制定政策提供必要的决策证据。在考察中，政府官员通常会积极收集和交换信息，评估各种方案，并提供反馈。有时候，他们会表现出对特定领域的浓厚兴趣，或者为被考察对象提供调整建议。当考察的目标明确时，政府官员会积极向被考察者询问更多的数据，以积极收集决策所需的证据。被考察者则在积极提供有效证据的同时，通过反馈寻找下一步的发展方向，相对于行业内的其他行动者，更早地采取行动以获得有利的市场地位。这个过程有助于政府基于可信的证据做出明智的政策决策，同时也推动了行业的发展和创新。

（3）视察。视察与考察相似，是政策决策者对行业行动者和下级政府的访问，其主要目的是核实政府官员所提供的政策决策证据。这种互动包括信息的收集、交换、反馈以及可能的承诺。在视察中，决策者有时会就政策子问题的解决方案达成一致，通过实施微观政策工具来做出承诺。同时，政府官员在视察过程中提供的反馈和承诺能够促进各方，包括行业行动者和下级政府等，有效地协作解决决策过程中的子问题。因此，视察通常具有更强的政治影响力，因为它涉及决策者的参与，不仅有助于推动政策决策朝着更具体、更可执行的方向发展，还可以帮助政府更好地理解局部情况，以确保政策决策拥有丰富、可靠的证据。

（4）会议。会议通常由政府或行业行动者组织，其主要目的是促进信息交流，特别是在提供政策决策证据方面起到重要作用。在会议上，各方分享与政策制定相关的各种信息，政府官员和行业代表通常会发表讲话，鼓励行动者积极参与，肯定已取得的成就，提出关于行业未来发展的建议，或者对特定项目和方向给予重视与关注等。在这个过程中，会议参与者会反馈有关技术发展现状和面临的挑战，这将有助于为相关的政策决策提供更全面的证据基础。通过会议，各方可以共同研究和讨论各种问题，从而为政府决策提供更多信息，以满足不断变化的社会和市场需求。

（5）合作。合作可以由不同的行动者发起，其关键功能之一是促使信息交流和采取行动，以生成政策决策所需的证据。这种协作机制有助于建立政府、企业和研究机构之间的强大合作关系。企业之间或企业与研究机构之间的协作是推动行业技术发展的重要步骤，因为它有助于产生更多与技术发展相关的证据。同时，企业与政府、研究机构与政府之间的共建项目也有助于为政府制定政策提供可靠的证据和指导。这种合作关系不仅推动了创新和技术进步，还加强了数据共享和知识传递，有助于确保政策制定过程更加基于事实和证据，以满足社会需求和持续发展的要求。

综上，为了提高战略性新兴政策决策的质量，政府采用以证据为基础的政策决策方式（EBP）。政府与行业行动者之间的互动基础是收集和共享的信息，即决策所需的关键证据。不同的互动方式在证据生产、证据传递和证据使用的各个环节中发挥着不同的作用，并最终被结合使用在行业的政策决策过程中。因此，本书提出如下结论：

结论 5.2：在战略性新兴产业宏观政策决策过程中，政府与行业行动者之间的不同互动方式成为传递决策证据的载体政策决策者通过使用证据，使提高政策决策质量成为可能。

四 EBP 视角下的企业、科研机构和地方政府

根据本章所收集的新闻报道和访谈资料，中央政府的政策决策者在制定战略性新兴产业政策时，积极与科研机构、企业以及地方政府进行沟通，以获取关键的政策决策证据。通过这种积极的互动，政策决策者能够明确解决决策问题所需的关键信息，并通过肯定已经取得的成就来表明其关注的政策方向。此外，他们还鼓励地方政府、科研机构和企业，采取行动，以积极推动政策目标的实现。这种合作和互动有助于政策制定过程更全面地考虑各种因素，确保政策决策基于充分的证据和可行性，以满足社会的需求和挑战。这也强调了政府与不同利益相关者之间建立合作伙伴关系以支持政策成功实施的重要性。

(一) EBP 视角下科研机构与企业的作用

从基于证据的政策决策视角来审视这些过程，我们发现证据生产者包括研究机构、企业和地方政府。在不同的决策阶段，核心证据生产者也随之发生变化。

在技术确认决策阶段，科研机构的角色是至关重要的，它们充当了重要的证据生产者。以中国科学院上海微系统与信息技术研究所为例，早在1999年，其敏锐地认识到了无线传感技术（WSN）的巨大潜力，并迅速启动了相关研究。通过多次实验和详细的汇报，中国科学院将其在WSN领域产生的关键证据提交给政策决策者，这最终促使WSN技术成了《国家中长期科学和技术发展规划纲要（2006—2020年）》的重要发展方向之一。这个案例凸显了科研机构如何在技术确认过程中发挥关键的作用，通过提供可靠的证据，引领了技术发展的方向。

在产业规划决策和产业推进决策过程中，新创企业如感知集团、卡奥斯、树根互联、涂鸦智能TUYA和萤石EZVIZ等发挥了关键的作用，这些企业都在证据的产生和政策决策中扮演着重要的角色。

以感知集团为例，其通过建立大规模的传感器网络和数据分析系统，成功地证明了物联网技术在城市管理中的巨大潜力。这不仅为城市提供了实时的环境监测能力，还为智能交通管理提供了强大的工具。政府在产业规划中可以依据感知集团的实际案例，更明智地决策投资城市智能化建设，以提高城市的可持续性和效率。

卡奥斯通过将制造技术与信息技术相结合，致力于大规模定制，并构建了跨行业、跨领域、跨区域的数字经济生态系统。其成功案例和技术积累为政府提供了关于工业互联网的有力证据，有助于政府决策制定相关政策以促进数字经济的高质量发展。

树根互联则提供数字化转型服务，特别是在智能制造透明工厂管理、机器在线管理、工业AI和设备融资等方面，为社会组织提供了数字化转型支持。政府可以依靠树根互联的技术和服务，推动工业领域的智能化和数字化转型，进一步提高生产效率和质量。

涂鸦智能TUYA是一个面向开发者的智能家居平台，支持各种智能家居产品接入。其开放平台和数十万开发者注册为商业客户提供了广泛的支持。政府可以借助涂鸦智能的生态系统，推动智能家居产业的发展，满足市场需求，并为政策制定提供实际案例。

萤石 EZVIZ 作为智能家居领域的领先品牌，构建了全屋智能化生态系统，以安全为核心，为用户提供智能家居摄像头等硬件产品。政府可以以其为例，鼓励智能家居产业的发展，提高家庭安全性，同时为城市安全提供实时监控能力。

这些战略性新兴产业中的新创企业的成功案例和技术进展为政府提供了丰富的决策证据，帮助政府更好地理解和利用新兴技术，推动产业升级和社会的可持续发展。政府应积极鼓励和支持这些企业，促进技术创新和产业发展，以实现政府的政策目标。这种合作有助于政府更好地满足不断增长的社会需求，以推动数字经济的高质量发展。同时，这也凸显了政府、科研机构和企业之间的紧密合作如何共同推动创新和技术进步，以满足不断增长的社会需求。这种协同努力为政策制定提供了更多实际案例和数据支持，帮助政府更明智地制定政策，以促进技术的发展和社会的可持续发展。

（二）EBP 视角下地方政府的作用

地方政府在推动新兴产业发展的过程中扮演着核心角色，其作用不仅限于执行政策，还包括在政策决策过程中承担证据生产者和证据使用者的双重角色，这一定位对于战略性新兴产业的健康发展至关重要。

首先，作为证据生产者，地方政府在向中央政府报告时，通常会强调当地科研机构或企业在物联网产业领域的成就。这种宣传不仅提升了地区声誉和吸引了更多投资，还将地方政府与行业行动者一起视为证据生产者。通过与科研机构和企业的协作，地方政府积极产生与物联网技术应用和产业发展相关的证据，为中央政府的决策提供了有力支持。

其次，当地方政府需要制定地方政策以推动本地物联网产业的发展时，其身份发生了转变，成为证据使用者。在这一过程中，地方政府积极推动辖区内与物联网相关的项目，力求扩大这些项目的影响力。通过实施和监测这些项目，地方政府收集和分析物联网技术应用及产业发展的相关数据和成果。这些数据和成果不仅支持地方政策的优化和调整，还为制定物联网产业的宏观政策提供了重要依据。无论

第五章 基于证据的战略性新兴产业高质量政策决策过程中的政府与企业

项目的成败,这些实践所得的信息都成为关键的决策证据。

这一角色切换意味着地方政府需要在不同情境下处理信息膨胀和分散的挑战,以确保传递给中央政府的产业决策证据既引人注目,又具备及时准确性。地方政府与行业行动者的紧密合作不仅提高了地方政策的准确性,还使地方政府能够更有效地在中央政府的宏观政策决策过程中表达自身的利益诉求,实现既定目标。

以无锡市为例,地方政府在技术确认决策阶段采取了积极的举措,将代表物联网新技术的研究所引入该市,为产生大量的物联网技术应用和产业发展证据提供了可能。这一举措使无锡市在首批试点争夺中占据了最有利的地位。然而,即使错过了首个示范区的机会,还有更多的地方政府纷纷加入了物联网产业的推进队伍,争夺第二批和第三批国家示范区的头衔。

在产业规划决策和产业推进决策过程中,地方政府扮演了关键角色。它们倾向于在辖区内积极推动物联网相关项目,旨在提升这些项目的影响力,并争取上级政府的关注。这些不断涌现的应用项目,加速了物联网与各个产业的融合,为制定物联网产业宏观政策提供了宝贵的证据。这些实践经验帮助地方政府优化产业政策,更好地支持了物联网产业的发展。

综合而言,地方政府在战略性新兴产业发展中扮演了多重角色,既是证据的生产者,又是证据的使用者。它们与科研机构和企业的紧密协作不仅为政策制定提供了关键的证据,也推动了产业的发展以及政府目标的实现。这种多维度的角色定位使地方政府成为政策决策过程中不可或缺的关键参与者。这些地方政府的经验表明,通过在不同阶段采取积极的举措,如引入研究机构、推动应用项目等,它们不仅为政策制定提供了关键的证据,还加速了物联网产业的发展和融合,推动了产业升级和可持续发展。这一经验对其他地方政府在物联网产业发展中发挥作用提供了有益的启示。

综上所述,本书提出如下结论:

结论 5.3:科研机构和企业作为证据生产者,通过数据、经验和合作等方式逐步产生了关键的决策证据,为政策决策者提供了有力支持,帮助他们更明智地制定政策，推动产业的发展和社会的进步。这种紧密的合作和信息共享有助于建立更健康、更创新的产业生态系统。

结论 5.4：地方政府肩负证据生产者和证据使用者双重身份，不仅与科研机构、企业共同生产战略性新兴产业政策决策所需的证据，还在地方政策决策中使用证据，成为政策决策证据的筛选器；它们的角色不仅限于政策决策，还包括政策的落地和执行，确保政策能够产生实际效果，推动产业的升级和可持续发展。

结论 5.5：证据使用者与证据生产者的频繁互动逐步形成良性循环，为战略性新兴产业政策决策的质量提高提供了可行的依据和方法。这些多方互动在政策决策中发挥着至关重要的作用，有助于充实政策制定过程中的信息和数据，促进政策的灵活性，使政策能够更好地适应不断变化的产业环境和市场需求，提高了战略性新兴产业政策的科学性和实用性。

第三节　本章总结

本章通过对中国物联网产业三个政策决策过程的研究，得出基于证据的战略性新兴产业政策决策模型，如图 5.1 所示。行业行动者（企业、研究机构）和地方政府基于已掌握的知识、经验和对行业的判断生产大量依据，通过互动，将证据传递到政策决策机构。在互动中，证据使用者一方面采用微观政策工具激发证据生产者继续充实证据池，另一方面整合、筛选已有证据，完成决策事项的解决。通过多次循环，最终政策决策者在基于证据完成决策事项的基础上，形成了政策决策，从而提高了政策决策的质量。

这一模型强调了政策决策的动态性和适应性。政策决策不是一次性事件，而是一个循环过程，需要不断地根据新的证据和情境进行调整和优化。这种循环决策的方式有助于政策更好地适应不断变化的市场和技术环境，确保政策的持续有效。同时，这一模型还突出了基于证据的政策决策在推动新兴产业发展中的关键作用。政策决策不再是

第五章 基于证据的战略性新兴产业高质量政策决策过程中的政府与企业 | 115

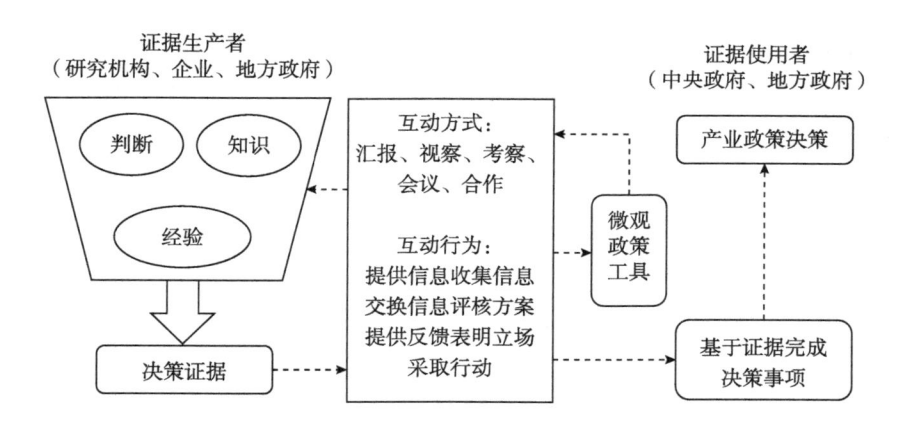

图 5.1 基于证据的战略性新兴产业政策决策模型

基于猜测或主观判断，而是建立在充实、可信的证据基础之上的，从而提高了政策决策的准确性和可行性。这有助于加速战略性新兴产业的发展，推动技术创新和产业升级，为社会经济的可持续发展创造更有利的条件。

具体来说，包括以下三点：

第一，互动作为桥梁，连接证据生产者（科研机构与企业）和证据使用者（政策决策者）。一方面，科研机构与企业提出基于其研究和实践的证据，将它们传递给政策决策者。这些证据包括新兴产业的技术创新、市场需求变化、企业竞争情况等方面的信息。另一方面，政策决策者利用这些证据来解决决策问题，制定宏观层面的政策，以支持和引导新兴产业的发展。此外，政策决策者还通过微观层面的政策工具，如税收激励、资金支持等，促使科研机构、企业和较低级别的政府更积极地产生证据，进一步丰富了政策制定所需的信息库。政策工具有助于激发新创企业参与证据生产的热情，从而加速了证据的生成和传递。这种持续的互动，为实现基于证据的政策决策提供了可能。

第二，政策决策者与科研机构和企业的互动是基于信息的收集和共享，是以证据为基础的决策过程的核心。每种互动方式在证据的不同生命周期中发挥着独特而关键的作用，包括证据的生成、整合、筛选、传递以及最终的政策决策。这些互动方式相互补充，协同工作，共同推动了决策的科学性和可行性，确保政策决策过程更加全面和可靠。

（1）在证据的生成阶段，科研机构与企业作为证据的生产者，通过不断的研究和实践，产生了关于战略性新兴产业的各种信息和数据。政策决策者通过与它们的互动，获取了有关战略性新兴产业的最新趋势、技术创新、市场需求等证据，这些信息为政策制定提供了坚实的基础。

（2）在证据的整合和筛选阶段，政策决策者需要对从不同科研机构和企业获取的证据进行整合和筛选，以确保只有最相关和可信的证据被纳入政策制定的考虑范围。这一过程要求政策决策者具备一定的专业知识和能力，做出明智的选择，以支持最佳的政策方案。

（3）在证据的传递阶段，政策决策者需要有效地将制定政策所需的证据传达给相关利益相关者，如其他政府部门、立法机构和公众。这需要政策决策者具备沟通和协调的能力，以确保政策制定过程是透明和参与的，各方都能理解和接受决策的合理性。

（4）在政策决策阶段，政策决策者根据从科研机构和企业获得的证据，制定战略性新兴产业的相关政策。这一决策过程是基于证据的，因为政策决策者依赖已有的信息和数据做出决策，以支持战略性新兴产业的发展和创新。

这些互动方式之间相互关联，构成了一个闭环的决策过程，确保政策决策是基于充分的证据，更加科学和全面。这种基于证据的决策模式有助于政策的制定更具可行性和可持续性，同时也促进了科研机构、企业和政府之间的协作与合作，推动了战略性新兴产业的繁荣和发展。这种互动方式的不断改进和优化将进一步提高政策决策的质量和效率，有助于实现可持续的经济和社会发展。

第三，通过结合表 5.2 和图 5.1，我们可以清晰地看到宏观层面的政策决策实际上是一个渐进的、分阶段的过程，它包括多个子过程。在这些子过程中，政策决策者的主要任务是收集和分析证据，以解决特定于每个子过程的决策问题。这些决策问题的出现通常是建立在上一个决策问题已经得到有效或部分有效解决的基础上的，因此形成了一个渐进的逻辑链条。

第五章　基于证据的战略性新兴产业高质量政策决策过程中的政府与企业

政策决策者在每个子过程中利用微观层面的政策工具,直接影响特定企业和研究机构的活动,以产生更多的证据,为下一个决策阶段提供支持。这种渐进式的决策过程使政策决策者能够更加全面地考虑各个方面的因素,确保政策制定更加符合实际情况并具有可行性。

这一环环相扣的逻辑架构有助于提高政策决策的质量,因为每个子过程都侧重于解决特定问题,而不是试图在一次性决策中解决所有问题。这种逐步解决子问题的方法,确保了政策决策是基于充分和详细的证据的,从而更有可能取得成功并实现政府的政策目标。这也反映了在战略性新兴产业领域,政策制定需要更加灵活和适应性,以适应不断变化的市场和技术环境。因此,这一渐进式的决策过程在新兴产业政策制定中具有重要的实际意义。

本章研究有以下理论贡献:

第一,现有研究通常采用基于证据的决策机制来平衡公共利益和股东利益,以建立健全的公共政策。本章通过深入的案例研究、内容分析以及深度访谈,构建了一个基于证据的战略性新兴产业政策决策框架,该框架更好地解释了战略性新兴产业的政策决策过程。通过这一框架,我们能够更全面地理解政策决策者如何在不同阶段利用证据来指导政策决策,以促进战略性新兴产业的发展。

第二,通过观察政策决策过程中各个参与者之间的互动行为,我们发现了五种互动方式。这些互动方式在证据的生成、传递和实施方面都发挥着关键作用,从而弥补了现有基于证据的政策决策研究的一些空白。这些互动方式包括证据生产者与证据使用者之间的信息共享、政策决策者与行业行动者之间的合作,以及政策工具的使用等。通过对这些互动方式的深入分析,我们能够更好地理解政策决策的复杂性,以及如何有效地利用证据来支持政策制定。

本章研究有以下实践启示:

第一,政策决策者需要认识到供给侧结构性改革的核心是提高供给质量,而对于战略性新兴产业来说,传统的产业政策并不能简单地套用。本书所构建的基于证据的政策决策模型为政府官员提供了理论指导,帮助他们重新审视自身的定位和角色。作为证据的使用者,政府官员可以通过考察或视察等方式来履行监督职责，同时协助证据的提供者生产证据。在这一过程中，政府官员与证据生产者之间进行信息的收集和交流，评估备选方案，并形成政策决策所需的完备证据池。这一过程有助于确保政策决策更加科学和可行，特别是在战略性新兴产业的发展过程中，政府需要更加灵活地应对不断变化的局势，充分借助证据来指导政策的制定和执行。

政府的监督职责不仅仅是被动地接收证据，还需要积极参与和引导证据的生产和传递过程。它们可以与证据生产者建立更加紧密的互动关系，促使产生更有针对性的证据，以支持特定政策目标的实现。政府还可以借助实地考察和评估来验证证据的可行性和有效性，从而更好地为政策制定提供有力支持。

在政府与证据生产者之间的信息交流和合作中，政府官员需要充分了解战略性新兴产业的特点和需求，以确保证据的生成和传递与行业的实际情况相符。他们可以通过与产业内的利益相关者互动，更好地理解产业的发展趋势和挑战，从而更好地引导政策的制定和执行。这种积极的互动有助于构建更加健全的证据基础，支持政府官员在复杂的政策环境中做出明智的决策。

总之，基于证据的政策决策需要政策决策者积极参与和引导证据的生成和传递过程，以确保政策决策更加科学和实际。政府应当认识到自身在战略性新兴产业政策决策中的重要性，并根据战略性新兴产业的特点来重新定位自己的角色和职责。这一过程不仅有助于提高政策决策的质量，还有助于促进战略性新兴产业的健康发展。

第二，基于证据的政策决策过程并不是一个静态的单项过程，而是一个不断循环的决策过程。为了实现这一良性运作的基于证据的决策过程，政策决策者需要不断增加证据生产者采取行动的可能性。微观政策工具在鼓励特定证据提供者积极和有效合作方面发挥着关键作用。政策决策者在这一反复循环的过程中可以不断提高政策的有效性，实现资源的更加合理配置。

在这个基于证据的政策决策模型中，政策决策者与证据生产者之间的互动不仅仅在政策制定阶段发挥作用，还在政策执行和评估阶段持续发挥影响。政策决策者通过微观政策工具鼓励证据提供者积极参与政策的各个阶段，不断提供反馈和信息，以便政策的调整和改进。这种不断循环的过程有助于政策的动态调整，确保政策能够适应不断变化的环境和需求。

此外，政策决策者还可以通过建立更加密切的合作关系，提供激励措施，以鼓励证据提供者更加积极地参与政策决策过程。这种积极的合作有助于提高政策决策的质量和效率，确保政策的制定和执行更加符合实际情况和社会需求。

总之，基于证据的政策决策是一个不断循环的过程，政策决策者需要采取措施来增加证据生产者参与的积极性，并通过微观政策工具来鼓励政策决策依据的高效产出，从而提高政策的有效性，实现资源的更加合理配置，从而更好地满足社会需求和政府目标。

第三，本章的研究成果为科研机构和企业提供了新的思路，指导它们如何以及何时参与到战略性新兴产业政策决策过程中。自我定位为证据生产者的科研机构和企业不仅可以为政策决策者提供更加精准的决策证据，还可以使自身获得关键信息并形成竞争优势。

在战略性新兴产业的政策决策过程中，科研机构和企业的角色不仅仅是被动的信息提供者，还可以积极参与到证据的生成和整合中。通过深入了解政府的政策需求，科研机构和企业可以根据自身的研究和实践经验，提前准备相关证据，以更好地满足政府的决策需求。这种积极参与不仅可以提高政策决策的质量，还可以增加科研机构和企业在政策制定过程中的影响力。

此外，科研机构和企业者还可以通过与政府建立紧密的互动关系，获取政府政策和资源支持的机会。通过与政府政策决策者的互动，科研机构和企业可以更好地理解政策方向，调整自身战略，形成竞争优势。

总之，作为证据生产者的科研机构和企业可以通过积极参与产业政策决策过程，为政策决策者提供更加精准的决策证据，同时也可以为自身获取关键信息、形成竞争优势。这种协作和互动有助于促进政策决策的科学性和可行性，推动战略性新兴产业的发展。

第六章 战略性新兴产业政策决策中的制度创业者
——以物联网产业为例

第一节 理论基础

一 制度变迁

现代制度理论来源于 Meyer 与 Rowan 关于对官僚体制的思考（Meyer and Rowan，1977）。1983 年，Dimaggio 和 Powell 在前人研究的基础之上，讨论了组织同质同形的原因，提出了组织通过强制的（Coercive）、规范的（Normative），或者模仿的（Mimetic）机制，使组织在形式和做法上产生同质性（Dimaggio and Powell，1983）。2001 年，Scott 延伸了 Dimaggio 和 Powell 所提出的三个机制的研究，将促成组织同质性的制度压力的来源总结为管制性力量（Regulative Pressures）、规范性力量（Normative Pressures）以及文化认知性力量（Culture-Cognitive Pressures）（Scott，2001）。

管制性力量源于法律法规、政府政策、行业标准和外部规范等明确的、强制性的制度规定。它们通常是被正式设立的、具有明确规则和制度的制度要求。管制性力量强调遵守法律和规定，通常伴随着对不合规行为的处罚和制裁。它们的目的是确保组织的合法性和遵守社会与法律的规定。管制性力量是外部约束的表现。

规范性力量源于社会和群体的期望、价值观、社会规范和行业惯例。这种压力通常来自社会的期望，组织在社会中需要遵循某种"正确"的行为方式。规范性力量强调社会认同和群体认可，组织会受到来自社会和群体的压力，以遵循特定的价值观和规范。规范性力量可以促使组织采取符合社会期望的行为，而不仅仅是法律要求。

文化认知性力量源于社会文化、共享信仰和意识形态，塑造了人们的认知框架和世界观。这些力量在较深层次上影响了组织成员的思考方式。文化认知性力量强调了对特定文化认知模式和信仰的依赖，这些模式和信仰影响了组织成员的行为、决策和价值观。它们通常是社会的一部分，反映了某一文化对社会生活的理解方式。

总之，这三种力量在推动组织同质性方面有不同的来源和作用。管制性力量是基于法规和规定的强制性约束，规范性力量是基于社会期望和价值观的社会规范，而文化认知性力量则深刻地影响了组织成员的认知和思维方式。它们共同塑造了组织的行为和决策，并有助于解释为什么组织倾向于采用特定的规范和实践。这些力量的相互作用可以在不同的组织和环境中产生不同的影响。

然而，制度并不是一成不变的，个人或组织所嵌入的制度环境在形态、本质或状态上随着时间的演进而产生差异。已有的研究主要针对制度形成、去制度化和再制度化这三种制度变迁。

（一）制度形成

制度形成是指在特定社会或组织环境中，新的规则、规范、价值观、组织结构、政策或实践逐渐建立、确立或形成的过程，是一种新制度、新组织的出现，或者一个新产业、场域的崛起。例如，加拿大HIV/AIDS 新兴治疗法的崛起（Maguire, Hardy and Lawrence, 2004）。这个过程通常包括以下阶段：

阶段一：问题识别。制度形成通常始于对社会中的问题、需求或机会的认知。这些问题可以涵盖健康、教育、经济、环境、科技等各个领域。问题识别是制度形成的起点，因为它引发了对解决方案的探索。

阶段二：创新和解决方案。制度形成的下一步是寻找创新和解决方案。这可能涉及科学研究、技术创新、新的商业模式或组织形式的发展。创新和解决方案的出现可以改变问题的处理方式，提供新的可能性。

阶段三：政策和法规制定。随着解决方案的出现，政府通常需要介入制定政策和法规，以确保新制度或新组织的运作和监管。政策和法规可以规定规则、资源分配、质量标准和监督机制等。

阶段四：社会认可。新兴制度或组织需要赢得社会的认可，并具有合法性。这可能需要建立信任、宣传、与利益相关者协作，以确保社会接受新制度的存在和价值。

阶段五：发展和成熟。新制度或组织经过时间逐渐发展和成熟。它们可能会逐渐扩大规模、改进运作、吸引更多的参与者，并在社会中树立起自己的地位。

总之，制度形成是社会适应变化和解决问题的一种方式。它反映了社会的动态性和创新能力，以及社会如何应对不断变化的挑战。理论上，制度形成的过程是一个复杂的、逐渐演化的过程，通常涉及多个阶段和多个利益相关者的参与。它可以在各个领域和层面上发生，对社会的发展和进步具有重要影响。

（二）去制度化

去制度化是制度变迁理论中的一个重要概念，指的是在某一领域或场域中既存的传统治理架构逐渐消失或被废弃的过程。这个概念通常与制度形成和再制度化相对应，它强调了制度的逐渐削弱或废除，而不是建立新的制度，是场域中既存的传统治理架构的消失，例如，DDT 农药被抛弃的过程（Maguire and Hardy，2009）。

去制度化通常是一个渐进的过程，不同于突然的削减或撤销。它可能涉及政府政策的逐渐减弱、监管的放松、资源的减少以及社会对制度的不再支持。随着时间的推移，既存制度的影响力和有效性会逐渐减弱。不同利益相关者对去制度化也会有不同的反应。一些人可能会欢迎这种制度的减弱，认为它可以减轻负担或提高自由度。但也可能有人担心去制度化会导致混乱、不公平或资源分配不当的问题。去制度化可能会产生多种影响，包括资源重新配置、组织结构的变化、行为的调整等。这可能对社会、组织和个体产生深远的影响。例如，去制度化的环境法规可能会影响企业的环保实践和市场竞争。政府通常需要面对去制度化带来的政策挑战。这包括如何平衡既存制度的减弱与新制度的建立，以及如何确保公平和公正。政策制定者需要认真考虑去制度化的后果，并采取措施来管理变化。

总之，去制度化是制度变迁理论中的一个重要概念，它强调了制度的演化和变化。它对于理解社会和组织如何应对变化以及如何适应新的社会条件具有重要意义。去制度化也提醒我们，制度不是永恒不变的，它们可能需要根据社会的变化进行调整和改进。

（三）再制度化

再制度化，表现为一种新取代旧，或是一个成熟场域的转型，是一个较为复杂的演变过程。例如，加拿大会计商务领域的组织形式转型（Greenwood，Suddaby and Hinings，2002）。其通常包括以下主要阶段。

阶段一：问题识别和动机。再制度化的过程通常开始于社会中出现问题或需求的识别，这些问题可能与旧制度或组织形式相关。问题识别和动机是触发再制度化的关键因素，因为它们引发了对旧制度的重新审视。

阶段二：新制度或组织形式的出现。在问题识别的基础上，新的制度或组织形式开始出现。这可能包括新的法规、组织、规范、技术、商业模式或实践。这些新要素通常旨在解决之前存在的问题或应对新的挑战。

阶段三：逐渐取代旧制度。新制度或组织形式逐渐取代旧制度，成为主导力量。这可能是因为新制度被认为更有效、更适应当前需求，或者因为社会各方面逐渐接受了它。

阶段四：资源重新分配。随着新制度或组织形式的兴起，资源分配和利益权衡也可能发生变化。旧制度可能失去资源支持，而新制度获得更多的资源和支持。

阶段五：社会认可和合法性。新制度或组织形式需要获得社会的认可和合法性，以确保其稳定性和可持续性。这可能需要建立信任、与利益相关者合作，以及满足社会的期望。

阶段六：影响和调整。再制度化过程通常会产生广泛的影响，不仅在组织或领域内，还可能在整个社会中产生影响。这包括经济、文化、政治和社会方面的影响。旧制度的利益相关者可能会调整其策略和行为，以适应新的局势。

阶段七：监督和评估。随着再制度化的发展，通常需要建立监督和评估机制，以确保新制度或组织形式的有效性和合规性。这包括制定评估标准、监管措施和报告机制。

总之，再制度化是一个动态的、复杂的过程，通常需要时间来发展和巩固。它反映了社会和组织在适应变化、解决问题和应对挑战时的能力，以及如何重新定义规则、实践和结构以适应新的社会和环境条件。再制度化的过程可能在不同领域和层面上发生，对社会的发展和进步具有深远的影响。

二 制度变迁的外生因素

探讨制度变迁有不同的分析视角。学者从制度变迁的外生因素出发，将制度创业者从事变革的外在动机总结为以下三类。

(一) 社会发生重大变迁或危机

在社会面临重大变迁或危机时，制度创业（Institutional Entrepreneurship）成为一种显著的现象。个人、组织或团体积极参与并推动制度变迁的活动，以创新、突破传统规则并建立新的制度为目标。制度创业通常伴随着现有制度的破裂，旧有规则和规范的失效，创造出机遇，使创业者能够提出新理念、新技术、新方法或新组织模式，以适应新的挑战或机会。例如，在产业界中，出现了破坏性的技术、不连续性的竞争，抑或是新的游戏规则，都可能使场域原本平衡的结构受到破坏而发生制度创业（Greenwood, Suddaby and Hinings, 2002）。

这一过程的背景可能包括技术革命、市场动荡、政府政策变化、全球化趋势、环境问题等。制度创业者的目标是建立新制度，填补破裂的制度缺口，或替代不再适用的旧制度。他们还努力改变社会或行业中的规范和价值观，通过教育、宣传、示范行动等方式影响人们的认知和行为。

然而，制度创业伴随着风险和挑战，包括来自既有利益相关者的阻力、法律和政治障碍，以及不确定性管理。成功的制度创业可以导

第六章 战略性新兴产业政策决策中的制度创业者

致社会和行业的根本性变革，改变市场动态、产业结构、政府政策和社会行为等多个方面，为社会的可持续发展和适应性带来积极影响。制度创业强调了创新和变革在社会变迁中的关键作用，塑造着未来的制度和规则。

（二）场域中出现可能导致危机的紧急事件

当场域中出现了可能导致危机的紧急事件时，例如当该场域中攸关生存的重要资源逐渐减少或取得越来越困难时，环境中存在高度不确定性，牵涉广而复杂，且非单一组织能够独立提出解决之道，此时会产生跨组织合作的制度创业行动，或者行动者直接构建一个全新的场域（Durand and McGuire，2005）。这种现象反映了制度创业的一种特殊形式——危机驱动的制度创业。危机驱动的制度创业通常在资源短缺或生存问题变得迫在眉睫时发生，因为未来的发展路径难以预测，解决方案需要在动态和多变的环境中制定。由于问题的广泛性，多个组织、社群和政府部门可能受到影响或参与其中。这意味着制度创业通常需要跨越组织边界进行合作，协调多个利益相关者的行动和资源，通过建立联盟、合作伙伴关系、共享资源和信息等方式找到可行的解决方案。有时，危机的严重性和复杂性可能导致行动者直接构建一个全新的场域，以重新定义规则和资源分配。

总之，这种动机下的制度创业是一种应对紧急问题和危机情况的动态响应方式。它通常涉及社会和组织的深刻变革，强调跨组织合作、资源共享和新场域构建的重要性，以应对复杂的挑战和不确定性，适应新的现实。

（三）场域特征

促进制度改变的因素是场域特征，包括场域异质程度与制度化程度两个要素（Tolbert and Zucker，1996）。当场域异质程度高时，该场域中同时存在多个制度逻辑或规范体系，这意味着不同的行动者可能受到不同的制度影响，产生制度逻辑之间的不一致和不相容性。由于存在多个制度逻辑，行动者在高度异质的场域中通常具有更多的选择。他们可以根据自己的目标、资源和背景来选择采纳或拒绝某种制度逻辑。

制度化程度描述了现有制度或规范的稳定程度。当制度化程度高时，现有制度通常更加稳定和坚固，不容易受到改变的影响。行动者可能会面临来自现有制度维护者的阻力，这些维护者倾向于保持现有制度的稳定性。

在高度异质且高度制度化的场域中，制度改变的潜力和机会存在于制度冲突之中。在高度异质的场域中，行动者可能不得不面对不同制度逻辑之间的冲突和不一致。这种冲突可能激励一些行动者转变角色，从被动服从现有制度的角色转变为主动促进新制度产生的角色。这种变革者通常试图解决制度冲突，提出新的解决方案，或倡导新的规范体系。尽管高度异质的场域提供了制度改变的机会，但并不是每个行动者都具备主动促进制度改变的意愿和能力。一些行动者可能更倾向于维护现有制度或选择不干涉，而其他人则可能更有动力和资源来推动改变。

总之，场域的异质程度和制度化程度在塑造制度改变的动态中起着至关重要的作用。高度异质的场域为制度冲突和改变提供了土壤，但高度制度化可能增加了改变的难度。因此，制度改变的成功通常依赖于行动者的能力、动机和协同合作，以解决制度冲突并推动新的制度逻辑的建立。

三　制度变迁的内生因素：制度创业者

上文讨论的是促成制度改变的外在的或者是场域的因素，但没有回答是哪些组织或个人成为改变的先锋。实际上，如嵌入在同一环境中，制度创业者是那些积极推动制度变迁的个人或群体。他们通常具备一些关键特征，包括创新思维、冒险精神、资源整合能力和坚韧性。这些特征使他们能够在复杂的制度环境中突破传统，提出新的理念和做法，不仅仅在经济利益上，还包括一些特定的制度安排，例如，追求社会文化或环境方面的改变。制度创业者的社会地位往往赋予他们一定的合法性。这意味着他们在追求制度变革时更容易获得其他关键利益相关者的支持和认可。他们通常能够建立桥梁，建立合作关系，获得所需的资源，并说服场域中的其他行动者追求其所订立的目标。同时，制度创业者的多样性创新使其能够在不同领域和背景中发挥作用。

关于制度创业者的本质，制度理论学派与制度经济学派有不同的认识。制度理论学派引入"制度创业者"这一概念，强调的是那些关注特定的制度安排，利用资源来改变或创造制度架构的能动者（Battilan, Leca and Boxenbaum, 2009; Dimaggio, 1988; Greenwood and Suddaby, 2006; Maguire, Hardy and Lawrence, 2004）。在制度经济学中，学者引入了"产权创业者"和"制度创业者"（Anderson and Hill, 2004），强调的是那些发动制度变迁来获取经济利益的利己能动者。虽然两者都将制度创业者视为推动新制度安排的创新者或者能动者，但是前者提供了一个更为广阔的视角来考察制度创业者的多样化的特征，而并不限制于仅仅考虑经济的利己主义，是更加有效的制度创新者，而后者将制度创业者视为带有经济目的的利己主义行动者以追求制度的改变，因此他们将制度创业者的特征限制在仅仅考虑经济机会驱动的行动。制度创业者是推动制度变迁的关键的内生因素，他们具备多样的特征和背景，能够在不同领域和背景中追求各种类型的制度改变。

四 制度场域

已有的关于制度创业者所嵌入的制度环境主要分为成熟场域与新兴场域，学者分别针对这两类场域中的制度创业过程进行了研究。

成熟场域通常指的是已经存在并相对稳定的制度和规范体系。在这些场域中，制度创业者的主要任务是推动制度的改进或变革，以应对新的挑战或机遇。

（1）挑战现有秩序。成熟场域中，已经存在一套相对稳定的制度安排，制度创业者需要面对现有秩序的阻力。他们的行动可能涉及改变传统规则、突破惯例或推动组织和行业的变革。

（2）合法性和认可。制度创业者在成熟场域中通常需要更多的合法性和认可，因为他们的行动可能受到现有权威和利益相关者的质疑。因此，他们需要建立合适的关系和合作伙伴关系，以获取支持。

（3）改进和创新。在成熟场域中，制度创业者可能更多地关注改进和创新现有制度，而不是完全颠覆。他们可能提出改进的政策建议、新的商业模式或更高效的流程。

（4）历史和文化因素。成熟场域中的制度创业者通常需要考虑历史和文化因素，因为这些因素影响现有制度的形成和维护。他们可能需要与传统观念和价值观进行对话，以争取支持。

2006年，Greendwood和Suddaby对成熟场域中心成员的制度创业过程进行了观察。通过对20世纪80年代五大会计事务所的考察，他们发现随着行业场域的逐渐成熟，其中的层次结构也愈加明显，还指出随着场域成熟度的发展，层次分化也逐渐加剧。精英组织由于在声誉、规模等方面不同于其他组织，形成网络位置理论中的"中心"和"边缘"。在已有的网络位置理论所区分的成熟场域中的中心组织与边缘组织中，中心组织处于组织场域中的核心位置，享有既得利益，而边缘组织嵌入社会制度的程度较低，利益诉求难以得到充分满足，则更有可能偏离现有制度。Greenwood和Suddaby通过考察三种网络位置，即边界错位（Boundary Misalignment）、边界桥接（Boundary Bridging）和中心/边缘（Center/Peripherye），以及不良绩效（Adverse Performance）解释了可能驱动中心组织实施制度创业的动因。从边界错位、边界桥接和中心/边缘的角度看，中心组织在网络中居于优势地位，这种位置决定了组织可以访问资源、信息以及其他重要资产，从而影响其制度创新的能力和方向。它们一旦受自身利益的驱动而发起制度创业，那么就更有实力推动制度变迁，如图6.1所示。

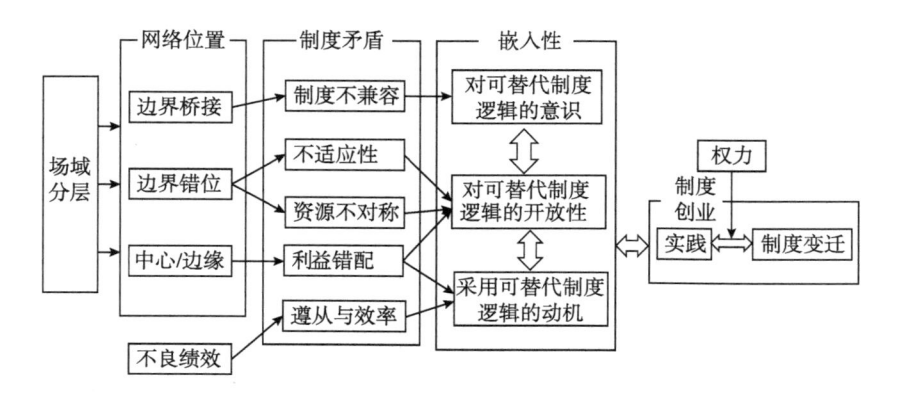

图 6.1　成熟场域制度创业过程模型

新兴场域通常指的是尚未完全建立或者正在经历快速变化的制度和规范体系。在这些场域中，制度创业者的任务可能更多地涉及创建全新的制度架构。以下是有关新兴场域中制度创业的特点。

（1）开创新模式。在新兴场域中，制度创业者往往需要从零开始构建制度。他们可能面临更少的阻力，因为尚未形成强大的现有秩序，但也需要面对更多的不确定性。

（2）资源整合。在新兴场域中，制度创业者需要积极寻求资源、建立合作伙伴关系和建设新的社会网络。他们的成功通常依赖资源的充分整合。

（3）创新和实验。新兴场域鼓励创新和实验。制度创业者可以更自由地尝试不同的方法和理念，以找到适合的制度模式。

（4）不确定性管理。新兴场域充满不确定性，因此制度创业者需要具备较高的不确定性管理能力。他们可能需要灵活应对不断变化的条件。

2004年，Maguire等学者讨论了新兴场域中制度创业过程。在研究中，他们比较了新兴场域与成熟场域的不同之处。首先，成熟场域通常存在中心组织控制资源的情况，而新兴场域则无明显领导者，资源广泛分散于多个行动主体。其次，成熟场域中的组织关系稳定，行动主体集中，相较之下，新兴场域中的组织关系松散且易受外部影响，导致场域内部权力和资源分布极为分散。最后，成熟场域拥有完整的制度结构支持现有实践的合法性，而新兴场域则尚未形成统一规范，使新实践的合法性难以评估。

Maguire通过对加拿大艾滋病治疗组织场域的案例研究，提出了新兴场域制度创业的三个关键过程，如图6.2所示。首先，占据主导地位。制度创业者通过动员广泛的社会行动主体积累资源和支持，逐步建立起场域的领导地位。其次，理论化。制度创业者分析问题原因并提出解决方案，通过构建理论框架说服各方接受新实践。最后，制度化。确保新实践与各利益群体的价值观相契合，并正式地将这些新实践固化为常规操作，以此巩固改变。这一过程体现了在制度变革中策略性地动员资源和构建支持的重要性。

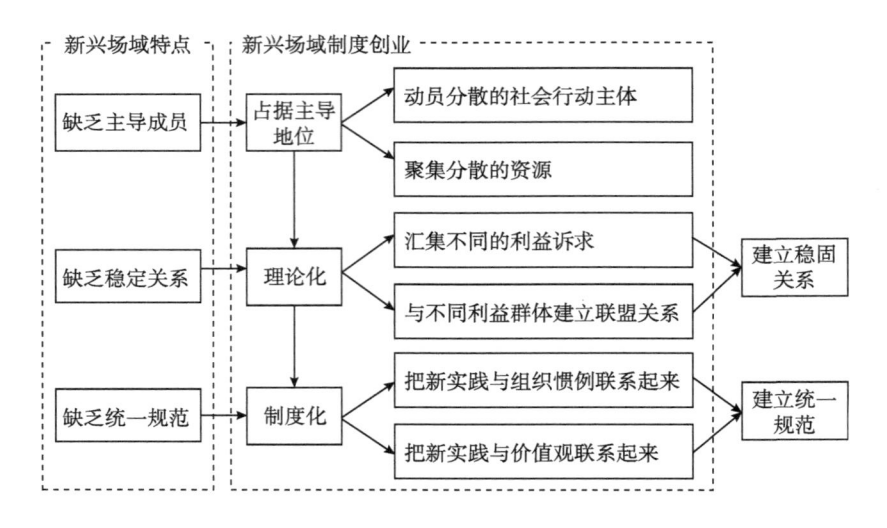

图 6.2　新兴场域中制度创业过程模型

总之，成熟场域和新兴场域都提供了制度创业的机会，但挑战和策略各有不同。在成熟场域中，制度创业者需要面对现有秩序的阻力，寻求合法性和合作，而在新兴场域中，他们需要开创新模式、整合资源和管理不确定性。制度创业者的成功通常取决于他们的能力和策略，以适应特定场域的要求（方世建、孙薇薇，2012）。

五　制度策略

制度策略是制度创业者将实践的利益目标转化成制度性安排进而诱发新组织场域形成的行动（Fligstein，1997）。这些策略旨在改变制度环境中的结构要素，使新制度得以合法化并获得正当性，涉及如何构建、传播和实施新的制度规则与标准，以促进新组织场域的形成和转型。

因此，制度创业者的策略行动展现的是行动的某种模式，而这种行动模式关注的是制度、场域的形成与转型，以及那些掌控制度或场域结构的规则与标准。Lawrence（1999）称此为制度策略（Institutional Strategy），可以形塑新制度实务在场域中的正当性，改变原有制度环境中的结构要素，让新制度能够在场域中萌生、成形与扩散，进而进入正当性程序（Lawrence，1999）。Fligstein（1997）列出一些可能有用的战术,包括构建框架(Framing)、论述(Discourse)、利益聚集(Aggregating Interests)、联结外部人士(Networking to Outlier)等多种做法,同时也带动了后续研究对于创业者推动改变时所运用行动模式的重视(Fligstein,1997)。具体如下。

(1)构建框架。制度创业者可能通过对问题的重新定义和描述来构建新的框架,以引导人们对制度变迁产生不同的认知。

(2)论述。借助论述,制度创业者可以通过言辞和讨论来传播新理念,影响人们的看法和态度。

(3)利益聚集。制度创业者可能通过集结不同利益相关者的支持来增加新制度的影响力,使其更具合法性。

(4)联结外部人士。与外部人士建立联系和合作可以帮助制度创业者拓展影响范围,促进新制度的传播和扩散。

这些研究强调了对制度变迁微观动态过程的关注。它们使我们能够更仔细地分析制度创业者如何运用各种策略来推动制度变迁,并最终影响组织和场域的结构。进一步深入探讨制度创业者策略,现有研究还包括以下思考维度。

维度一:多样性的策略选择。制度创业者通常需要根据特定的环境和挑战选择不同的策略。他们可以采用多种战术,包括政治游说、社会运动、行业标准制定、公共关系活动等,以实现他们的制度变迁目标。这种多样性的策略选择反映了制度创业者的适应性和创新性。

维度二:时间尺度的考虑。制度创业者的策略可能涉及不同的时间尺度。有些策略可能是短期的,旨在解决当前的问题或挑战,而其他策略可能是长期的,旨在推动更深远的制度变迁。制度创业者需要在短期目标和长期目标之间取得平衡,并灵活应对。

维度三:建立联盟和合作。制度创业者通常不是孤立行动的个体,他们会寻求与其他组织、利益相关者和倡导者建立联盟和合作关系。这些联盟可以增强他们的影响力,扩大支持基础,并共同推动制度变迁。

维度四:政策倡导和法律手段。在一些情况下,制度创业者可能会采取政策倡导和法律手段,以推动制度改变。他们可以通过向政府提出政策建议、进行法律诉讼或倡导立法来实现他们的目标。

维度五：社会认知和文化影响。制度创业者的策略也可以包括影响社会认知和文化观念。他们可能通过媒体宣传、教育活动和社会运动来改变人们的看法和行为，从而促进制度的改变。

总之，制度创业者的策略是多样化且灵活的，取决于他们所面临的具体情境和目标。他们可能采取不同的战术、时间尺度和合作方式，以推动制度变迁。这些策略的选择和执行需要深刻的洞察力、资源整合能力和领导力，以实现制度创业的成功。在研究和分析制度变迁过程时，理解制度创业者的策略选择和实施至关重要。

第二节 物联网产业政策决策过程中的制度创业者

一 制度创业者的动态变化

在第四章中，我们发现在不同的产业政策决策过程中，最为活跃的互动主体在发生着变化。在技术确认决策过程中，研究机构主导了大部分的互动活动。在基地建设决策过程与产业规划决策过程中，地方政府主导了大部分的互动活动。这意味着在物联网产业政策决策过程中，最为活跃的行动者从研究机构转变为地方政府。在物联网产业发展过程中，研究机构与地方政府的行动同样成为推动产业发展的重要力量。因此，针对这种演化，本书提出三个研究问题，并探究其缘由：第一，为什么在物联网技术确认决策过程中，研究机构最为活跃？谁是推动研究机构的主要行动者，或称制度创业者？第二，为什么在基地建设和物联网产业规划决策过程中，地方政府最为活跃？第三，这些创业者或行动者在推动物联网产业政策决策过程中，所采取的策略主要包括哪些？

二 制度创业者的角色分析

从前文的分析可知，在物联网产业政策决策过程中，研究机构与地方政府在不同的决策过程中分别扮演了最为活跃的组织角色。接下来，我们将深入探讨这些组织中的制度创业者。具体如下。

（一）青年学术带头人

在知识创新工程试点的报告得到批复之后，中国科学院开始在全院进行部署。这标志着一项重大改革和创新的开展。这次的创新试点不仅仅局限在知识领域，还涵盖了规章制度方面的需求创新与改革，对青年学术带头人产生了重要的影响。

第一，提升青年学术带头人的地位与机会。这次创新试点可能为青年学术带头人提供更多的机会和资源，使他们能够更好地发挥自己的才能和创新能力。可能会设立专门的支持计划，鼓励青年学术带头人积极参与知识创新工程，推动科研项目的创新与突破。

第二，引导研究方向与合作机会。创新试点可能通过指导研究方向和提供合作机会，引导青年学术带头人参与具有战略意义的研究领域。这有助于培养新一代的科研领袖，推动科技创新和知识产出。

第三，改革评价体系。青年学术带头人通常会面临科研成果评价的压力，这次创新试点可能会推动改革评价体系，更好地考量创新性和前瞻性的研究成果。这有助于减轻青年学术带头人的评价负担，鼓励他们更多地投入创新研究。

第四，培养创新意识与能力。创新试点可能会强调培养青年学术带头人的创新意识和创新能力。这可以通过提供培训、导师指导和创新项目支持来实现。青年学术带头人将有机会在创新研究中发展自己的创新潜力。

第五，推动制度改革。这次创新试点不仅包括知识创新，还包括规章制度的需求创新与改革。这可能涉及科研经费管理、项目评审制度、人才引进政策等方面的改革。青年学术带头人将受益于这些改革，更好地适应新的科研环境。

除了上述的积极作用，知识创新工程试点改革还给青年学术带头人带来了巨大的挑战。

第一，竞争更加激烈。知识创新工程试点明确提出将在全球范围内公开招聘研究人员。录用人员每4年评议和选择1次，通过4—8—12年连续3次评议选择，大约20%的录用人员最终成为研究机构的固定研究人员；固定研究人员也要每 4 年评议 1 次。录用研究人员任职期间，将由研究机构给予较为稳定的支持，并享有较高的待遇。在此情况下，青年学术带头人需要在试点项目中做出突出贡献以保证顺利通过考核（何传启等，1998）。

第二，更大的压力和责任。每人 3 年 200 万元（科学事业费 173 万元，基本建设费 27 万元）的专项资金，以及单位匹配的 20 万元支持，虽然为研究提供了充足的资源，但也对研究成果和项目进展提出了更高的要求。中国科学院实施的三元工资制，虽然大大调动了科研人员的积极性，但也加剧了岗位竞争，使青年学术带头人必须不断提高自己的科研水平和业绩，以确保获得和维持这些资源与待遇。这种高投入、高回报的机制，对青年学术带头人来说，既是机会，也是巨大的挑战（刘铮，2006）。

（二）地方政府

在基地建设与产业规划决策过程中，地方政府起到了极大的推动作用。二者的差异只是在参与的地方政府的数量上。从前文的分析中我们发现，地方政府发起了频繁的考察、会议以及合作等互动方式来推进当地的研究机构与企业开展物联网产业建设。那么，为什么地方政府选择亲自成为推动产业发展和政策制定的主要行动者呢？原因如下：

第一，信息的分散和重要性导致地方政府需要了解实际发展状况。中央政府的决策者在决策进行之前，经常通过"摸底"来进行意见的综合，以确保决策的准确性。此外，决策部门还通过"动员会"等方式来宣传和解释政策的合理性，以获得执行者的支持。因此，地方政府具有信息优势和政策执行权。那么，地方政府作为被"摸底"和"被动员"的对象需要抓住机会将优势进行宣扬，为劣势寻求帮助，在行使这些信息优势时首先需要确保信息的准确与及时。在战略性新兴产业得到中央政府的重视后，这种"摸底"和"动员会"经常发生，因此，地方政府决策者不再依赖层层汇报，而是需要亲自参观、了解实际情况，将每次与中央决策部门的会面当作为当地战略性新兴产业寻求中央政府支持（财政、政策）的最佳机会。除此之外，地方政府有时需要汇报工作，这同样需要对信息的准确把握。

第二，物联网产业的高度风险使地方政府时刻关注。尽管在物联网产业孕育时期会面临不可估量的风险，但是地方政府仍积极推动当地物联网产业的发展。科技投资虽然风险高，但是成功的潜力巨大，抢先一步可能带来显著的发展机遇。尽早介入能够带动地方经济的迅速增长，并对国家整体科技进步产生积极影响。这种投资对于地方发展和国家整体科技进步具有双重重要性。

通过积极地推进物联网项目，地方政府希望带动区域经济增长，同时为国家的技术创新和产业升级作出贡献。这种前瞻性的举措不仅彰显了地方政府的战略眼光，还体现了它们在国家新兴产业发展中不可或缺的角色。

第三，不同地方政府之间的竞争使地方政府决策者不得不投入更多的精力与时间。越来越多的地方政府加入推动物联网产业发展的行列。中央政府提出建设物联网产业的提议后，上海、深圳、北京、苏州、南京等城市随之跟进，并开始筹备当地的物联网产业基地。

在激烈的竞争中，地方政府面临的主要问题是如何始终保持竞争优势，以获取物联网产业带来的可观经济效益，并争取更多的政策和资源支持。然而，在产业发展的初期，能够承担研发项目、为地方政府发展物联网发挥巨大作用的企业和研究机构的数量并不多。因此，地方政府必须尽全力通过多次交流，吸引这些企业和研究机构加入当地新兴产业的发展。

例如，物联网的发展离不开电信运营商的参与，因为运营商庞大的用户群和对城市基础通信设施的建设，是物联网应用的关键市场。无锡成功吸引三大电信运营商在无锡设立物联网研发中心，使其他城市在物联网研发时缺乏了强有力的合作伙伴。这一成功离不开无锡市政府对三大电信运营商的多次游说和努力。

综上所述，地方政府在物联网产业政策决策过程中是主要行动者。在物联网产业政策决策过程中，地方政府一方面通过表达利益诉求来获取更多的政策和财政支持，另一方面通过展示在各种策略下推动产业发展所取得的高绩效，向中央政策决策者证明其发展的成效和潜力。这种双管齐下的方法不仅提升了地方政府的资源获取能力，还有效地推动了当地物联网产业的快速发展。

至此，我们的研究发现，在物联网产业政策决策过程中，推动政策决策的行动者因产业政策决策阶段存在差异。在技术确认决策阶段，研究机构的青年学术带头人是主要行动者。在基地建设与产业规划决策阶段，地方政府是主要行动者。仔细研究，除了现行制度推力与市场拉力的外在因素影响，驱动这群青年学术带头人和地方政府行动的内在动机，主要有以下两点。

第一，青年学术带头人和地方政府感受到强烈的竞争。在知识创新工程试点项目启动之后，新的考核制度为青年学术带头人提供了高薪高职的机会，同时也提升了科研竞争要求。相比以前的考核制度，物联网相关技术的青年学术带头人意识到必须积极采取行动，以避免在激烈竞争中失去优势。

在物联网产业政策决策过程中，特别是在中央政府提出发展物联网产业的意见之后，全国28个省市区纷纷加入物联网产业发展的队伍。面对这一趋势，地方政府积极参与，努力提升地方物联网产业的参与度和影响力，以确保在全国范围内占据有利位置，推动地方经济的发展和技术进步。这种积极参与和投入，不仅有助于地方产业的快速发展，也体现了地方政府在国家战略性新兴产业中的重要作用。

第二，青年学术带头人和地方政府具有能力与行动力。二者在政策决策过程中的主要任务在于为政策决策提供意见和真正推动战略性新兴产业的发展，因此，它们常常受到上级决策者的重视。它们占据信息优势，能够有效指导团队开展工作，确定发展的方向。在战略性新兴产业政策决策过程中，青年学术带头人和地方政府具备动用各种资源进行沟通协商的能力，能够推动新兴技术的研发与应用，开发新兴技术的市场，并促进地方层面的战略性新兴产业发展。它们的作用不仅是提供智力支持，还包括实际推进和实施战略性新兴产业的各项工作，从而为产业的成功奠定了基础。

总而言之，本章提出如下结论。

结论6.1：在物联网产业政策决策过程中，主要的推动力量是青年学术带头人和地方政府。它们尽管面临巨大的压力，但是在决策过程中付出了大量努力，发起或参与多方互动，为决策者提供了丰富的信息和建议，发挥了重要作用。它们的积极参与和推动，为物联网产业的发展奠定了坚实的基础。

三 制度创业的动机探讨

综观整个物联网产业政策决策过程，我们需要讨论的问题是为何研究机构在技术确认决策过程中最为活跃？为何地方政府在基地建设及产业规划决策过程中最为活跃？造成这个现象的发生，本书认为现行制度推力与市场拉力这两股力量在发挥作用。

（一）现行制度的推力

1. 技术确认决策过程中的现行制度推力

1997年中国科学院向中央政府提交的研究报告《迎接知识经济时代　建设国家创新体系》，以及配套出台的《中国科学院知识创新工程试点专项经费管理办法》扮演了主要推手的角色。

首先，"知识创新工程"要求国家研究机构围绕国家战略利益和国家安全的需求，承担那些企业和大学不愿或无力进行的研究和开发任务。这些研究机构还要提供大型公共科研设施，支持基础性、综合性及战略性的科学研究，并涵盖高技术、前沿竞争技术及共用技术等领域。这些职能使国家研究机构在国家创新体系中起到了引领作用。然而，国家创新体系的搭建离不开产业政策的推动。在1999年的知识创新工程中的试点项目基本上处于产业发展的先兆阶段，急需政策的指导。作为"知识创新工程"的提出者，国家研究机构自然也成了推动政策出台的主力。

其次，"知识创新工程"还指出，在对国家研究机构的基础研究和战略性研究给予预算拨款支持的同时，还应鼓励国家研究机构通过合同的方式，承担国家重大科技任务（刘铮，2006）。中国的财政科技投入与经费管理采取预算制，这一制度激励研究机构在知识创新工程试点项目启动与实施过程中，积极与企业、社会，尤其是地方政府进行互动与合作。通过这种方式，研究机构不仅能够确保项目的顺利完成，还能推动科技创新，促进科研成果的实际应用和产业化发展。

2. 基地建设及产业规划决策过程中的现行制度推力

基地建设决策阶段始于2006年。2005年国务院发布的《促进产业结构调整暂行规定》、国家发展改革委颁布的《产业结构调整指导目录（2005年本）》、2006年国务院出台的《国家中长期科学和技术发展规划纲要（2006—2020年）》都发挥了主要作用。

首先，《促进产业结构调整暂行规定》明确要求各地方政府结合本地区产业发展实际，鼓励和支持发展先进生产能力，限制和淘汰落后生产能力，切实推进产业结构优化升级。在产业结构调整的原则中，鼓励地方政府走科技含量高、经济效益好、资源能耗低、环境污染少、安全有保障的发展道路，努力推进经济增长方式的根本转变。因此，地方政府想要实现可持续发展，产业升级迫在眉睫。2005年，无锡的传统优势产业是纺织产业、钢铁产业和机电产业。这些产业不仅资源能耗高，而且环境污染严重。例如，印染废水、机械加工各种金属制品所排出的废液和冲洗废水对无锡的环境造成了巨大的影响，使水质恶化，为蓝藻事件的出现埋下了隐患。因此，无锡的发展现状迫使当地政府改变产业结构。唯一的解决办法就是寻找适合当地发展的新兴产业。

其次，国家发展改革委颁布的《产业结构调整指导目录（2005年本）》以及国务院颁布的《国家中长期科学和技术发展规划纲要（2006—2020年）》成了地方政府引导投资方向，管理投资项目，制定和实施财务、金融、土地、进出口等政策的重要依据。根据访谈，我们了解到无锡市政府在2005年的《产业结构调整指导目录》中锁定了微电子产业与光伏产业，并开始在2006年建设产业园，为推动产业发展作准备。2007年，IC与光伏产业形成规模。此时，无锡市政府在科技前沿领域寻求发展，最终决定将无线传感网技术定为战略性新兴产业。这一决策是在深入了解国家科技规划并与中国科学院上海微系统与信息技术研究所进行多次沟通后形成的，并在2006年建成的产业园区内设立了共同研究中心，以加速技术的商业化和地区经济的增长。

产业规划决策阶段开始于2009年。中央政府通过一系列政策和规划，如 2009 年提出的"感知中国"信息中心建设、2009 年的《让科技引领中国可持续发展》讲话、2011 年的《物联网"十二五"发展规划》和 2015 年的《国务院关于积极推进"互联网+"行动的指导意见》等，明确了物联网发展的国家战略方向，激励地方政府积极行动。这些政策不仅为地方政府提供了明确的指导方向和必要的财政资源，还通过设立示范区和激励机制，促进地方政府与企业和科研机构的合作，加快物联网技术的研发和应用，形成产学研合作的良性循环。地方政府在中央政策的引导下，能够更好地推动物联网相关基础设施的建设和技术创新，加速地方经济转型升级，提升区域科技创新能力，推动物联网产业的快速发展，进而为国家整体的科技进步和产业升级奠定坚实基础。

（二）市场拉力

除了制度法规的影响，另一股改变力量则与市场端有关。值得关注的是，市场拉力并不是在整个产业政策决策过程中始终发挥作用。因为，在技术确认决策过程中，企业并不愿意也不敢承担这些高新技术的研发风险，市场无法得到估测，主要是依靠研究机构的人员通过逐步实现技术的应用而慢慢形成的。例如，感知集团在浦东机场安防领域成功应用无线传感网技术；与中兴通讯合作，将其拓展至手机终端，实现了实用的功能。与宁波、无锡、嘉兴等地的政府合作，验证无线传感网在民用领域的广泛应用，提供先进、便捷的无线传感解决方案，成功打开了更大的市场。

进一步来说，新华社发布的《2009—2010 中国物联网年度发展报告》显示，市场真正开始发挥拉力作用是在产业规划政策决策过程中。例如，根据中国物联网研究发展中心的研究，2009 年中国物联网产业市场规模达 1716 亿元。物联网产业在公众业务领域以及平安家居、电力安全等诸多行业的市场规模均超过百亿元（新华社，2010）。2012 年，中国物联网产业市场规模达到 3650 亿元。市场前景远远超过计算机、互联网和移动通信等行业。除此之外，中国物联网 RFID 产业链基本形成，2012 年市场规模达到 236.6 亿元，传感器市场规模在 2012 年超过 900 亿元，中国拥有全球最大、技术先进的公共通信网和互联网，M2M 网络服务高速增长，2012 年 M2M 终端数已超过 2100 万。由此可见，中国的广阔市场、日益完善的基础设施以及产业链上下游的同步带动作用使政府与行业行动者都可以对中国物联网产业的发展持有乐观的态度。因此，面对这样的市场规模和可观效益，更多的地方政府都希望能够参与进来，也成了这个决策过程中最为活跃的组织。

再来看另一个战略性新兴产业，电动汽车领域的市场拉力作用也有相似性。在早期，电动汽车技术被认为是一项具有高度创新和风险的领域，企业不愿意承担大规模的研发和生产成本，因为市场需求相对较低，充电基础设施不足，电池技术尚未成熟。在这个阶段，政府的政策起到了关键作用。政府采取了一系列激励政策，如提供购车补贴、建设充电桩基础设施、制定排放标准等，以推动电动汽车的发展。这些政策降低了购车成本，提高了消费者对电动汽车的接受度，同时也鼓励了企业投资电动汽车技术的研发和生产。然而，市场拉力并不是在政策决策阶段就立刻发挥作用的。对电动汽车市场的真正拉动是在政策推动下，企业开始逐步投放电动汽车产品，并与充电设施提供商合作，解决了充电便利性的问题。随着时间的推移，电动汽车的技术不断进步，性能不断提升，成本逐渐下降，市场需求也逐渐增加。这样逐渐形成了一个良性循环：市场需求增加，企业投资研发，技术进步，成本下降，市场进一步扩大。

上述例子凸显了市场拉力通常不会在产业的早期阶段立刻发挥作用，而是需要政策的引导和企业的积极投入。市场的形成和发展是一个逐步的过程，需要时间来积累市场信心和消费者接受度。因此，在战略性新兴产业的政策决策中，政府的角色通常是促使市场的形成，而市场拉力在后续阶段发挥更大的作用，推动产业的持续发展。

综合上述观点，本章提出以下结论：

结论 6.2：以物联网为代表的战略性新兴产业政策决策过程涉及多类主体和力量因素。在这一过程中，活跃主体的动机主要受到现行制度的推力和市场拉力的影响。在不同阶段的决策过程中，不同的力量因素可能会占据主导地位。

在技术确认和基地建设决策阶段，现行制度推力通常起关键的作用。这是因为在产业的早期阶段，技术的可行性和市场前景尚不明朗，企业往往不愿意承担高风险的研发投入。政府的政策和资源支持成了推动技术验证和基础设施建设的主要动力。政府通过资金投入、法规制定和科技引导等方式，降低了企业投入的风险，鼓励了技术的实际应用。

然而，在产业规划决策阶段，市场拉力的作用更加显著。一旦技术可行性得到确认，并建立相应的基础设施，市场的需求和潜力开始逐渐显现。此时，企业看到了市场机会，市场拉力开始发挥更大的作用。政府政策可以通过激励市场需求、建设市场生态系统等方式来进一步推动市场的发展。这也可能包括政府与企业的合作，以解决市场发展中的问题和挑战。

总的来说，以物联网为代表的战略性新兴产业的产业政策决策过程是一个复杂的动态过程，涉及多个主体和力量因素。现行制度推力和市场拉力在不同阶段起不同的作用，政府在其中扮演着引导和协调的角色。这种政策决策的复杂性需要综合考虑各种因素，以实现产业的可持续发展和创新。政策制定者需要根据不同阶段的需求和挑战来调整政策方向，以促进战略性新兴产业的健康成长。

四　制度创业者的策略活动

我们的研究进一步显示，青年学术带头人和地方政府在推动新兴产业政策决策的过程中，所从事的策略主要包括联结并导入资源和媒体的传播。

（一）联结并导入资源

无论是青年学术带头人还是地方政府，在战略性新兴产业政策决策过程中，都会主动地与利益相关者建立良好的互动模式，并积极参与具有影响力的事件。这样不仅有助于推动战略性新兴产业的发展，还有助于建立合作网络、联结与引入重要资源，并促进政策的有效实施。

青年学术带头人在战略性新兴产业政策决策中的积极互动模式至关重要。他们通常具有丰富的学术知识和技术专长，能够为政策制定者提供有价值的建议和指导。通过与政府官员、产业界领袖和其他学术界同行的互动，他们可以分享最新的研究成果、技术突破和行业趋势，为政策制定提供科学依据。此外，他们还可以充当政策传播者的角色，将政策理念传递给更广泛的利益相关者。例如，一些物联网行业的青年学术带头人会向政府官员汇报物联网技术及其应用情况，以获得政府决策部门的良好印象并强化双方关系。还有一些学者积极与地方政府沟通，通过将技术应用在不同的场景，实现了技术的应用试验，为下一步打开物联网市场奠定了坚实的基础。

在产业政策决策过程中，地方政府的积极参与具有重要的作用。地方政府在战略性新兴产业的发展中扮演着关键角色，它们通常掌握着地方资源和政策执行权，也拥有建设产业基础设施的能力。地方政府可以通过积极互动，与中央政府、企业界、学术界等各方建立合作关系，协调资源配置和政策实施。它们还可以借助地方政策和发展计划，为战略性新兴产业提供有利的政策环境和市场条件。地方政府所能够联结与导入的资源直接决定了其物联网产业的发展能力。例如，无锡市政府在前期积极引入物联网研发团队，设立研发中心，落地实现物联网技术的场景应用，不仅为无锡带来了巨大的产业空间，也为整个产业链做出了贡献。

在产业规划建设决策阶段，由于参与的地方政府数量激增，竞争更为激烈。除了无锡，北京、上海、深圳、杭州等地的政府纷纷拿出产业规划。它们主动邀请国家发展改革委、工业和信息化部、科技部等参观已取得的项目成果，或者与实力雄厚的企业、研究机构形成合作。虽然三大电信运营商把研发机构设置在了无锡，但是与它们也签订了合作协议。电科集团、中国科学院上海微系统与信息技术研究所等与上述的五个城市都签订了战略合作框架协议。

这些例子显示了地方政府之间的激烈竞争。政府需要通过引入资源、制定有利政策、建立合作关系等方式来吸引对战略性新兴产业的投资。同时，政府还需要与企业、学术界等利益相关者紧密合作，共同推动产业的发展，以确保本地区在战略性新兴产业领域的竞争力和可持续发展。

总之，在以物联网为代表的战略性新兴产业政策决策过程中，青年学术带头人和地方政府选择主动联结并导入资源策略，与关键决策者建立联系，了解最新的政策动态和市场趋势，建立资源网络、争取资源支持和合作机会以推动产业发展，并为产业的可持续增长提供了有力支持。这种互动模式和参与精神有助于形成合作共赢的局面，促进了政府、产业和学术界之间的紧密合作。

（二）媒体的传播

在联结和导入资源的同时，主要行动者往往采用媒体作为一种重要的传播工具，以传播他们的理念和政策方向。这种媒体传播不仅有助于广泛宣传和推广政府的政策愿景，还可以激励并鼓励所有参与新兴产业发展的相关人员，包括企业家、创新者、投资者和学术界人士。

从学术角度来看，这种媒体传播可以被视为一种信息传递策略，旨在将政策制定者的意图和期望传达给广大利益相关者和社会大众。通过媒体渠道，政府可以公开宣布战略性新兴产业的发展目标、政策措施和潜在机会，从而引导公众的关注和行动。这种信息传递可以促使创业者和投资者对战略性新兴产业的前景产生信心，激发他们的兴趣和投入。例如，地方政府邀请媒体参观当地的领先企业或研究机构，并对其进行宣传；无锡邀请国新办新闻局以及20余家海内外媒体考察团参观无锡物联网产业研究院，新华社、香港大公报等媒体对无锡物联网产业现状和前景进行了报道。又如，地方政府出席一些与物联网相关的网站以及知识普及型的活动；无锡市政府官员在"中国物联网"门户网站开通仪式和"世界信息社会日"暨物联网知识普及大型咨询活动上进行讲话也是一种对物联网产业的宣传。

此外，媒体传播还可以塑造政府和相关行动者的形象与声誉。政府通过媒体传播展示自己是积极推动创新和产业发展的支持者，有助于建立政府的权威和可信度。同时，政府还可以利用媒体来强调自己的透明度和责任感，展示对新兴产业的承诺和决心，从而增强公众对政策的接受度和支持度。例如，地方政府或者青年学术带头人接受媒体采访等。

媒体传播可以被看作一种政策传播和政治传播的形式。政府官员通过媒体平台向公众传递政府的政策立场和发展愿景。这种行为也涉及政府与公众之间的政策沟通和信息传递。政府官员在这些活动中向公众介绍政府的政策举措，解释政策的背景和目标，回应公众关切。这种参与塑造了政府的形象和声誉，影响了公众对政府的看法，进而影响了政府的政策推动能力。同时，这种媒体传播行为也可能对公共政策产生影响。政府官员的讲话和宣传可能引起公众关注，激发公众对特定政策问题的兴趣。这可能导致公众对政策问题的更多讨论和参与，影响政策的制定和实施。

总之，媒体传播在战略性新兴产业发展过程中扮演着重要的角色，不仅有助于传达政策信息和愿景，还可以激发创新者和投资者的积极性，塑造政府形象，提高政策的有效性和可执行性。这种传播策略在政府、产业界和学术界之间构建了沟通桥梁，推动了新兴产业的可持续发展。通过这些媒体的宣传，大众逐渐对物联网技术及其应用有所了解，认识到这种新技术可能给生活带来的益处和变化，再加上政府官员和技术专家的现身说法使大众对其更易形成信赖，对于打开物联网市场形成了正面影响。

综上所述，在战略性新兴产业的产业政策决策过程中，主要行动者通过联结与导入资源、利用媒体传播等策略来影响政策决策者的决策方向。这些策略反映了他们在政策制定和执行中的积极参与，旨在塑造政策环境，以支持战略性新兴产业的创新和发展。

第三节　本章总结

本章通过纵贯研究、案例分析以及内容分析等方法揭示了以物联网为代表的战略性新兴产业发展中的制度创业者，具体如下。

第一，战略性新兴产业的制度创业者包括青年学术带头人和地方政府。其中，青年学术带头人是技术确认决策过程中的制度创业者，地方政府是基地建设与产业规划决策过程中的制度创业者。第二，现行制度的推力与市场拉力是这些制度创业者发起制度创业的外生因素。其中，在技术确认与基地建设决策过程中，现行制度的推力作用较大，在产业规划决策过程中，市场拉力才开始发挥重要作用。第三，这些制度创业者发起制度创业的内生因素是因为感受到强烈的竞争，同时又具备能力和资源。第四，这些制度创业者通过引入与整合资源以及利用媒体的传播等策略来实现制度创业。

本章从制度创业者理论视角对战略性新兴产业政策决策过程中的行动者进行了深入探讨，对制度创业者理论进行了重要的扩充。

第一，本章的关注点集中在研究战略性新兴产业中的制度创业过程，强调了战略性新兴产业的独特性。战略性新兴产业发展初期存在大量制度空白，需要政府、企业、科研机构一步步构建制度框架。在这一背景下，本章探讨了制度创业者在填补制度空白、推动政策制定和影响战略性新兴产业发展方面所发挥的作用。本章的研究结果对于理解中国战略性新兴产业政策决策的复杂性和独特性具有重要意义，同时也为全球范围内战略性新兴产业研究提供了新的视角和挑战。

第二，本章识别并深入探讨了一种新型的制度创业者——青年学术带头人和地方政府。与传统的制度创业者理论不同，这些制度创业者拥有一定的能力和资源，并承受着来自各方的竞争压力。

这种新型制度创业者群体在战略性新兴产业政策决策过程中扮演着关键角色。他们积极参与决策过程，发起各种互动活动，引入和整合各种资源，并借助媒体传播的作用，将他们的意见和建议传达给政府决策者。这不仅丰富了决策过程中的信息池，还推动了战略性新兴产业政策环境的建立。

这类制度创业者的出现反映了战略性新兴产业领域的复杂性和动态性。他们的行动和影响力不仅有助于解决制度空白问题，还有助于提高政策决策的质量和适应性。因此，本章的研究为理解战略性新兴产业政策决策中的非传统制度创业者角色提供了新的视角，并为完善制度创业者理论提供了重要的补充和拓展。这将有助于深化我们对于战略性新兴产业治理机制的认识，理解各级政府、学术界和企业的互动如何塑造政策和制度环境的演变过程。

第三，本章以制度创业者的视角深入分析了地方政府的行为。研究旨在明确这些政府官员进行制度创业的内在因素和外在因素，以及他们在制度创业中采用的策略。虽然公共管理领域已经有大量基于中国情境的研究成果，解释了地方政府的行为，但它们缺乏对制度场域这一关键变量的充分考虑。这一研究的意义在于，它丰富了对地方政府行为的理解，特别是在战略性新兴产业政策决策领域。它强调了制度场域的重要性，这是地方政府行为的一个关键背景因素。

因此，本章的研究成果还为政策决策者提供了深入了解地方政府行为的新视角，以便更好地管理和引导地方政府在战略性新兴产业领域的制度创业活动。这将有助于提高政策决策的质量和适应性，促进战略性新兴产业的可持续发展。

本研究提供了有关战略性新兴产业中行动主体的实践启示，对于中央政府、青年学术带头人、地方政府官员、科研机构以及企业等各方都具有重要意义。

首先，中央政府可以更加明确不同发展阶段中的制度创业者。在技术确认决策过程中，选择合适的技术路线对于政策决策者来说是一项困难的任务，而制度创业者通常具备丰富的信息、资源和动力。因此，政策决策者应积极与青年学术带头人进行频繁互动，以便更好地完成政策决策。在基地建设和产业规划决策过程中，中央政府应与新的制度创业者，尤其是地方政府展开互动。一些地方政府通常已经与科研机构和企业进行了合作，共同实现了技术研发和应用突破，可以成为中央政府进行资源配置的备选方案。

其次，科研机构中的青年学术带头人和地方政府，在当前制度推力和市场拉力的双重作用下，具备制度创业者的潜力。他们需要具备构建能力和资源聚集能力，以便更好地发挥自己的作用，并在战略性新兴产业的发展中发挥领导作用。尤其是青年学术带头人，随着战略性新兴产业的发展，他们更有可能转换成为战略性新兴产业的新创企业家。基于丰富的资源禀赋，这些新创企业家通过整合资源，不仅在政策决策中发挥作用，还推动了企业成长、行业发展。

最后，制度创业者可以为企业合作伙伴的选择提供指导，使企业能够参与由制度创业者领导的产业发展项目，并有效地吸收和利用外部资源。这有助于加速战略性新兴产业的成长和创新。

总之，本章研究凸显了制度创业者在战略性新兴产业中的核心角色，并为相关各方提供了实用的指导，以便更有效地发挥制度创业者的潜力，从而推动战略性新兴产业的发展和创新。

第七章 战略性新兴产业背景下基于资源拼凑视角的新创企业成长模型

基于前文分析，我们发现在战略性新兴产业的发展过程中，新创企业充分发挥了其独有的颠覆性和革命性，推动经济快速发展和产业结构加速升级（Kim and Lui，2015）。然而，已有研究发现由于存在资源匮乏和合法性不足等新生劣势，在早期成长阶段，新创企业常面临资源内部匮乏与外部资源难以通过正规市场手段获得的双重困境（Hite and Hesterly，2001），失败率很高。因此，学者主要探讨新创企业如何扩展资源获取途径，运用不同类型的资源整合方式实现资源的有效利用，从而获得竞争优势和高水平绩效（梁强等，2017；王丽平、狄凡莉，2017；Stenholm and Renko，2016）。随着对资源获取问题的深入研究，学者发现新创企业离不开创业者构建的外部关系网络，并且网络规模越大，越多样化，越有助于新创企业获取更多的信息和资源（Sullivan and Ford，2014）。除此之外，能够获取资源的新创企业需要具备创造性的"拼凑"能力，才能够转化为企业绩效（Baker and Nelson，2005；Domenico，Haugh and Tracey，2010；Senyard，Baker，Steffens and Davidsson，2014）。从新创企业所构建的关系类型来看，主要包括商业关系和政治关系（张峰、黄玖立、杜运周，2016）。商业关系为企业获取了外部的市场资源，而政治关系则为企业获取了政府资源。在战略性新兴产业发展过程中，政府在培育新创企业的过程中有更多的施展空间。因此，新创企业如何协同拼凑这两种资源以促进企业成长是一个值得研究的话题。

第一节 资源拼凑视角下的企业成长理论

一 资源拼凑理论研究概述

资源拼凑理论始于 2005 年,是战略管理领域的一个理论框架,它关注企业如何获取、整合和利用多样化的内部和外部资源以实现竞争优势。这一理论认为资源可以包括物质资源、知识资产、社会关系以及组织文化等多种类型,它强调了资源的异质性、路径依赖性和动态性,以及资源整合对于企业核心竞争力的关键作用(Baker and Nelson,2005)。资源拼凑理论为企业战略决策、创新和绩效研究提供了理论基础。现有的相关研究分为以下三个方面:一是创业资源拼凑前置因素与理论应用;二是创业资源拼凑测量及其功效验证;三是创业资源拼凑特征及其主题演化。

创业资源拼凑前置因素与理论应用包括众多的研究内容。第一个研究内容是创业导向对资源拼凑策略和企业绩效的影响(祝振铎,2015)。例如,不同的创业导向,包括机会导向、创造导向、资源导向均会对企业创新、成长和可持续竞争优势产生影响。第二个研究内容是社会网络与组织学习的进一步深化研究(Baker and Nelson,2005;Desa and Basu,2013)。一些学者分析了社会网络和组织学习在资源拼凑中的作用机制,包括信息传递、知识分享和协同学习(Jian and Wang,2013)。还有一部分学者直接考察了社会网络结构对资源拼凑的影响,如强关系和弱关系的不同作用(Desa and Basu,2013)。第三个研究内容是拼凑能力与创新能力的关联(陆亚东,2015)。学者深入研究了拼凑能力和创新能力之间的互动关系,资源整合如何影响创新活动和结果,以及如何通过提高拼凑能力来增强其创新竞争力。

在创业资源拼凑测量及其功效验证的相关研究中,一些学者探讨了不同的资源拼凑测量方法,包括定性和定量方法,讨论了如何有效地衡量资源整合的质量和效率(祝振铎、李非,2017),考察资源拼凑测量方法在不同行业和文化背景下的适用性（张建琦等，2015）。更多的学者考察了资源拼凑与新创企业绩效的直接关系以及两者之间的中间路径或影响因素等。例如，资源拼凑与新创企业绩效之间的中间路径或因果关系，资源整合如何影响生产率、市场份额、盈利能力等绩效指标（李晓翔、霍国庆，2015）；考察中间因素如市场导向、创新活动、品牌价值等在资源拼凑与绩效之间的调节作用；研究外部环境因素如政策法规、市场竞争、技术变革等如何影响资源拼凑的效能；探讨资源拼凑在不同市场条件下的表现和适应性（何一清、崔连广、张敬伟，2015）。

在创业资源拼凑特征及其主题演化的相关研究中，学者基于自身的研究方向进行了内容的拓展。第一，创业者的决策特征，包括风险承受能力、创新意愿、资源获取策略等对资源拼凑成功产生影响，例如创业者根据战略特征进行"即兴发挥"和"知足决策"的拼凑策略，丰富和拓展了拼凑的相关研究（Halme, Lindeman and Linna, 2012）。第二，资源拼凑在新创企业发展阶段也显现出了动态性，因为新创企业在初创期、成长期和成熟期对资源需求存在差异，资源拼凑和整合策略也应随之改变（Cai, Anokhin, Yin and Hatfield, 2016）。第三，一些学者创造性地提出"社会拼凑"，讨论创业者如何通过社会网络、社会资本和社会资源整合来推动创业活动（Domenico, Haugh and Tracey, 2010；苏敬勤、林菁菁、张雁鸣，2017）。这些研究进一步拓展了社会拼凑的研究主题，包括社会企业、社会创新和社会影响等。

二 战略性新兴产业新创企业成长模型

在当前的研究领域中，关于新创企业成长的话题引发了广泛而深入的探讨。学者从多个关键维度出发，如知识管理、创业机会、动态能力和创业学习，对新创企业的成长模型进行了深刻的设计和分析。这些研究不仅有助于我们更全面地理解新创企业的发展路径，还为创业者、政策制定者以及学术界提供了宝贵的洞见和指导。在知识管理方面，研究者关注如何最大限度地利用和管理内部和外部知识资源，以促进企业的创新和竞争力提升。这包括知识的创造、传递、分享和保护等关键方面。创业机会的研究则关注新创企业如何发现、评估和利用市场中的机会。这涵盖市场分析、竞争对手分析、市场定位等关键因素，以实现可持续的增长。创业学习的研究强调企业学习过程对于成功成长的重要性。这包括从失败中吸取教训、建立创业经验、有效应用反馈等方面的探讨，以提高企业的绩效和竞争能力。

张玉利、徐海林（2002）提出了基于知识管理的新创企业成长模型。他们研究了知识管理在新创企业中的应用，包括知识的获取、存储、分享和应用。通过探讨知识创新的过程和机制，包括技术创新和市场机遇的发现，他们强调知识应当被视为新创企业的关键资源，需要衡量和评估知识资产的价值。

肖沛、黄培伦、林山（2004）也关注了知识管理与新创企业的成长关系。与前一个研究相比，这个模型强调知识吸收和转化能力，以及应用的机制，深入研究了知识管理系统在新创企业中的建立和运营，并探讨组织学习和创新的关键因素，如领导力、文化和组织结构。

林嵩、张帏、姜彦富（2007）的机会导向性创业成长模型聚焦于如何在创业过程中识别、评估和充分利用市场机会。这一模型强调企业需要建立机会感知能力，以便在不断变化的市场条件下迅速抓住机会。另外，模型强调了将机会导向性创业与战略规划有机结合，确保企业在追求机会时保持战略一致性，以实现可持续的成长。最重要的是，该模型强调理论性研究与实际市场复杂性相结合，以更好地指导实际创业实践，使创业者能够在竞争激烈的市场中取得成功。

夏清华（2008）的企业成长模型深入研究了产业机会的性质和来源，包括市场需求和技术突破等，以及这些机会是如何形成和演变的。该模型也强调了创业学习的过程和机制的重要性，包括从失败中吸取经验教训、积累创业经验等，这些对于企业的成长至关重要，有助于改进战略和执行。此外，模型认为不同市场环境对企业成长模型有重要影响，因此需要考虑并制定适应不同市场环境的策略，以实现成功的成长。这一模型凸显了在不同层面上理解和应对企业成长的重要因素。

张秀娥、徐雪娇（2019）的企业成长模型认为，学习过程对于新创企业的生存和成长起至关重要的作用。创业学习是指新创企业获取创业信息和知识，然后将这些知识用于指导它们的创业行动的过程。在当前竞争激烈的商业环境中，企业必须具备竞争优势并实现持续发展，而知识已经成为一种不可或缺的资源。因此，在创业过程中，学习活动为新创企业注入了必要的知识和经验，使它们能够构建竞争优势并推动盈利和业绩增长。对于资源有限的新创企业来说，这种学习尤为关键，因为它帮助企业补齐资源短板，促进其持续发展。此外，通过吸收和应用客户反馈、市场渠道信息以及竞争对手的动态，创业学习使企业能够发展并巩固核心竞争力，为其未来的成长打下坚实的基础。

综合而言，这些多维度的研究不仅丰富了对新创企业成长的理解，还为实际创业实践提供了有力的理论支持和指导。研究所涉及的关键因素可以更好地揭示新创企业成长的内在机制，为创业者和决策者提供更为全面的建议和策略。这个领域的发展将在不断探索中为创新和企业发展创造更多机会。

第二节 新创企业外部关系与企业成长
——市场资源拼凑与政府资源拼凑的中介作用

一 新创企业外部关系、内部能力与企业成长

新创企业的外部关系主要分为商业关系和政治关系（张峰、黄玖立、杜运周，2016）。现有研究也主要从这两个方面展开，其中讨论商业关系与企业绩效关系的研究成果较为丰富。例如，创业初期，新创企业在外部关系管理上投入的时间，通常与企业的业绩表现呈正相关（何晓斌等，2013；李新春、梁强、宋丽红，2010），与客户、供应商、创业投资家建立水平联结，构建信任关系，促进双方的知识、资源、信息的传递（陈闯、叶瑛，2010；谢雅萍、黄美娇，2014）。外部关系的发展要求企业内部具有更多的资源获取和吸收能力（李新

春、梁强、宋丽红，2010）。随着发展外部关系研究的深入，学者逐渐注意到政治关系构建同样对新创企业成长有重要意义，并把政治关系作为一个单独的变量进行测量，考察其对企业市场职能的影响（张峰、黄玖立、杜运周，2016）。实际上，新兴市场中的新创企业容易受到政府的影响。新创企业家与政府建立稳固的政治关系可以帮助新创企业克服制度歧视，获得信贷、政策、技术税收等方面的资源和支持，对企业的成长和发展更为重要（Adhikari, Derashid and Zhang, 2006；Charumilind, Kali and Wiwattanakantang, 2006）。因此，越来越多的学者提出关注新创企业如何采取企业政治行为来获取政府资源的重要性（Armanios, Eesley, Li and Eisenhardt, 2017；Batjargal, Hitt, Tsui, Arregle, Webb and Miller, 2012）。

发展外部关系可以为新创企业提供不同类型的社会资源，对创业机会的发现、商业计划的检验以及资源获取都具有重要作用。但是，外部关系构建与新创企业成长之间仍受到企业内部能力的影响。例如，外部关系的建立可以帮助企业获取互补的知识资源和市场信息，但这些外部关系中的资源和信息需要依靠企业内部能力进行转化，并作用于企业成长绩效（Hite, 2005）。例如，新创企业通过组织学习来提升绩效是组织获取较大竞争优势的必经之路（谢洪明、刘常勇、陈春辉，2006）。企业内外部知识、信息的交换和共享需要通过组织学习的提升得到有效的利用，提高企业的成长绩效（蔡莉、尹苗苗，2009）。学习能力越强的企业开展创新活动成功的概率越大，组织具备的适应性和竞争能力也越强，从而对组织绩效产生正向的影响（陈国权、周为，2009）。

在新创企业的成长过程中，其资源禀赋和需求之间的差异呈现出动态演化的特点，导致企业外部关系需要进行调整（何晓斌等，2013）。现有研究显示新创企业在成立五年之内的死亡率常常大于一半，因此随着企业年龄和成长阶段的变化，外部关系与内部能力之间由于各自变化也会呈现阶段性特征，在不同的发展阶段需要以不同的契合方式产生协同作用。新创企业从生存期成长到发展期，外部关系的发展要求企业内部具有更多的资源获取和吸收能力（李新春、梁强、宋丽红，2010）。因此，越来越多的学者在考察外部关系、内部能力与新创企业成长的研究中加入了企业年龄或成长阶段作为调节变量来考察其动态作用机制（李新春、梁强、宋丽红，2010；何晓斌等，2013）。

二 基于资源拼凑视角的新创企业成长模型

正如前文所述，发展外部关系，拼凑"手上资源"是战略性新兴产业中的新创企业生存的法宝。本章基于资源拼凑理论与外部关系理论，构建了基于资源拼凑视角的新创企业成长模型。

在探讨新创企业外部关系时，本章参考了徐可等（2015）的研究框架，将外部关系划分为关系行为和交互环境两大部分（徐可、何桢、王瑞，2015）。关系行为是一个多维复合变量，包括沟通、信任、满意度、承诺、协调、参与治理、公平及互惠互利等（Naudé and Buttle, 2000）。对于新创企业而言，沟通、信任、承诺和依赖这几个维度对于维持与外部资源提供者的有效互动尤为重要（余红剑，2009）。同时，交互环境的适应性和关系氛围也是影响这种互动的关键因素（徐可、何桢、王瑞，2015）。因此，本章通过整合这些变量来全面分析新创企业与外部资源提供者间的互动状态和关系质量。

沟通是新创企业为了达成特定目标，与相关方进行的信息交流和分享。信任则是在不确定的环境中，一方相信另一方有好意并且具备完成任务的能力，因此愿意依赖对方，甚至可能将自己的利益托付给对方（张秀娥、周荣鑫、王于佳，2012）。承诺是指各方因认为关系具有重要价值，所以愿意在资源和时间上做出投入，以维持关系的稳定和持续（余红剑，2009）。依赖是指关系一方对另一方保持关系以实现目标需求的感知（沙颖、陈圻、郝亚，2015）。适应性是指关系各方为了维系长期关系，需要不断调整自身状态以满足对方的需求（徐可、何桢、王瑞，2015）。关系氛围则是指外部关系的动态环境，是新创企业培育和发展良好关系的外部条件，只要有互动行为的发生就会形成外部环境的关系氛围（Naudé and Buttle, 2000；宋喜凤、杜荣、艾时钟，2013）。

随着新创企业不断向平台化、生态化、组织化的方向转型，外部关系（市场资源关系和政府资源关系）的作用日益重要。一方面，新创企业为了应对市场竞争的差异化和个性化需求，必须培育良好的外部市场资源关系网络，最大限度地挖掘有价值的知识和技术等资源，以保障企业的生存与发展（Desa and Basu，2013）。另一方面，新创企业由于资源获取合法性不足与利用效率低下，在面对风险投资家时无法拿出丰富的成功经历，所以与政府机构建立密切联系是新创企业寻找资源的一条非常重要的路径，可以增加可支配资源，保持企业战略柔性，适应环境的动态变化，从而实现企业的成长（杨震宁、李东红、范黎波，2013；何晓斌等，2013）。具体如下。

（1）从基于市场资源的外部关系对新创企业成长绩效的影响来看。新创企业与市场资源提供者建立关系，通过沟通可以有效地促成目标的达成和冲突的解决，从而提升企业成长绩效。信任可以减少彼此猜忌，需要足够信任对方不会出现欺骗和投机行为。关系间的承诺表现出关系长期发展的倾向，减少了不必要的冲突和投机行为的发生，以达到信息共享。依赖作为持续合作的一个保障，会促进信息的流动。这些行动的频繁发生意味着继续保持现有互动关系的可能性增大，由此所带来的绩效增长也会提高（Lages，Silva and Styles，2009）。

（2）从基于市场资源的交互环境维度对新创企业成长绩效的影响来看。适应性描述了双方为建立长期关系所做的特定投资，这种投资通常难以复制，限制了选择和决策（徐可、何桢、王瑞，2015）。高度的适应性可以使关系双方实现"灵感突现"并进一步转化和扩散，从而实现新创企业的成长。良好的关系氛围有助于关系双方进行互动，促进创意的产生、转化和扩散，将新理念引入产品研发、设计并最终进入市场。

（3）从基于政府资源的关系行为维度对新创企业成长绩效的影响来看。在中国转型经济背景下，地方政府为了降低创业壁垒，引发更多的创业活动，会通过发布项目信息、提供项目咨询服务、视察或考察优秀的新创企业、组织研讨会、授予一些身份认证等途径来加强新创企业与地方政府之间的互动（彭华涛，2013）。在这些关系构建和维护的过程中，新创企业可以深化对政策的认知，将有助于新创企业发现和挑选机会，以获得更高的绩效产出；新创企业通过展示成功的项目或成熟的产品构建与政府的信任，可以让政府以更加宽容的态度面对创新过程中的失败，继续给予支持；新创企业做出行动承诺往往可以给政府加大支持力度更多的决心，向政府发出积极的信号；新创企业还可以参与地方政府的招标项目，将技术应用在地方政府提供的实践场景中，来保障新创企业与政府的持续性合作，降低企业的风险并实现成长；新创企业通过上述的行动，拉近了与政府之间的关系。经常向政府展示自身良好的市场绩效的新创企业，越容易得到政府在互动过程中的一些鼓励性信息。这些企业将更加容易感知政府政策的走向，获得政府的支持，从而促进企业的成长。

（4）从基于政府资源的交互环境维度对新创企业成长绩效的影响来看。新创企业与地方政府的高度适应性意味着其响应制度压力并在行动上符合政府的预期，从而获得合法性，进一步实现了企业的成长；良好的关系氛围有助于政府与新创企业之间的互动，吸引更多的合作者、客户，从而实现企业的成长（罗兴武等，2018）。

良好的关系行为（沟通、信任、承诺、依赖）是构建关系网络的前提，良好的交互环境（适应性、关系氛围）是维系关系网络的必要条件，二者的结合有利于达成合作、规避风险和降低不确定性，使关系各方积极分享知识信息和意愿诉求（Chang, Labban, Gapin and Etnier, 2012）。新创企业与成熟企业、投资机构、大学及研究机构等的外部关系紧密，才有可能能够获取关键知识、技术、资金等核心资源，才有机会去挖掘潜在的有价值的资源。因此，基于市场资源的外部关系可以帮助新创企业市场资源拼凑能力的发挥。已有的研究实际上是强调市场资源拼凑在资源约束企业进行创新和获取成长中所发挥的关键作用（Senyard, Baker, Steffens and Davidsson, 2014）。例如，企业的成长依赖新产品的引入或新市场领域的进入。拥有市场资源拼凑能力，对手边资源的学习和改造的惯例，有助于创造出新的知识（李非、祝振铎，2014），弥补已有知识的不足，从而便于企业创造出新机会，从而实现新创企业的成长绩效增长。这些市场资源在良好的

第七章 战略性新兴产业背景下基于资源拼凑视角的新创企业成长模型 | 157

外部关系下更容易被新创企业所感知到。

在中国的转型经济背景下，政府是重要的资源供给者，是政策制定者，也是企业发展的支持者。与政府保持密切的互动，构建良好的交互环境是新创企业成长的重要力量。

第一，随着外部关系的不断强化，新创企业不仅能够获得更多的政府资源，还能够积累更多政策信息和洞察力。这使企业能够更精明地预测政府政策的发展趋势，并迅速适应政策变化。

第二，新创企业在向政府官员陈述技术、市场等一些帮助政策决策的关键信息时，政府同样也会做出一些鼓励性或引导性的承诺，这往往意味着政府愿意支持企业的特定举措。这可能包括政府在市场准入上的支持、在技术创新上的资金支持，或在国际贸易中提供竞争优势。这些承诺的深层含义，需要新创企业家有极强的政府资源拼凑能力进行识别和转化，以确保它们符合政策法规，获得合法性。

第三，新创企业与政府的外部关系和谐，会给外界传递出良好的信号，因此，将会给新创企业带来更多的市场资源。这些资源可能包括投资、合作机会、战略合作伙伴以及市场渠道的拓展。进一步地，企业将更有竞争力，能够更好地应对市场波动和竞争压力。企业可以通过参与行业协会、展会、社交活动等方式来建立和维护这些关系。在这种环境下，政府资源和市场资源之间的协同作用是关键因素。政府资源可为企业创造有利的政策环境，使其更容易进入市场和获取资源。市场资源则为企业提供了运营所需的实际资源，如资金、客户和人才。这两者之间的平衡和协调非常关键，可实现企业的可持续发展。

因此，本章将政府资源拼凑和市场资源拼凑视为中介变量，有助于深入理解新创企业外部关系与企业成长之间的相关性。这些中介变量提供了洞察力，有助于企业更好地管理其政府和市场关系。它们可以用来衡量企业的能力，考察企业如何应对政策变化和市场挑战。

总之，在中国的经济环境中，政府与新创企业之间的关系至关重要。政府资源的获取和政府资源拼凑能力的提升是新创企业成功成长的关键因素之一。这需要积极参与政策决策过程，提供政策决策依据，并合理合法利用政府支持来实现企业目标。同时，市场资源整合和市场资源拼凑能力也是必要的，以实现企业在市场中的竞争优势。这两种资源之间的平衡和协同作用可以实现企业的成功成长。这一观点进一步强调政府资源和市场资源之间的相互关系，以及它们在新创企业外部关系与企业成长中的关键作用。

学者普遍认为新创企业与成熟企业的成长过程有明显差异，前者在早期往往缺乏各种资源和能力，不仅仅在市场资源获取利用方面存在劣势，在政府资源获取方面也同样存在阻碍其成长与发展的问题（梁强等，2017）。值得注意的是，政府（尤其是地方政府）在帮助新创企业成长方面较为细致，政府在提供资金、基础设施和政策支持方面也更加积极和精准。因此，我们认为在中国转型经济背景下，新创企业需要根据企业成长阶段，区分构建和维护基于市场资源的外部关系和基于政府资源的外部关系。

在初创阶段，企业通常面临一系列挑战，包括资金紧缺、市场认可度低、技术尚未成熟等。在这个时期，政府资源可以成为一个关键的支持来源。政府可能提供补贴、税收优惠、准入许可和其他激励措施，以帮助企业在市场中建立立足之地。

然而，这些政府资源通常不是独立获取的，而是需要企业在市场上展现自己的价值。因此，新创企业通常需要依靠已有的市场资源，做出一些成就，以证明其潜力和价值。这可能包括开展初期的销售、建立初步的客户基础或证明其技术的可行性。通过在市场上获得初步成功，企业可以吸引地方政府官员的关注，展示自己对当地经济的贡献。这可能导致地方政府的支持，包括提供资源和政策支持。地方政府的协作可以帮助企业进一步壮大，并共同向上一级政府呈现其成功的案例。

新创企业参与政策决策过程尤为重要，尤其是在战略性新兴产业领域，因为它们能够将自身的实践经验、累积的经验教训及创新成果直接转化为政策决策的宝贵证据。这种参与模式不仅增强了政策的实用性和有效性，确保政策能够精准对接产业发展的实际需求，还为企业自身赢得了更高的合法性和认可度。政府在寻求制定前瞻性和实效性兼备的政策时，往往会优先考虑与那些在行业中展现出显著贡献与成就的企业合作，因为这些企业的第一手经验和成功案例能够为政策决策提供坚实的基础，促进政策更加精准地推动产业创新和升级。

因此，新创企业通常需要通过拼凑市场资源，逐步建立市场存在，并吸引地方政府的支持来获取政府资源。这一过程充分展示了企业在政府和市场之间的相互关系，以及如何通过成功的市场表现来吸引政府的支持，并最终促成更有益的政策和资源支持。

基于上述分析，本章构建了一个基于资源拼凑视角的新创企业成长模型（见图7.1）。这个模型提出新创企业需要维护外部关系获取资源，在此之后，通过不同的资源拼凑实现企业成长，并且随着企业成长的阶段变化，外部关系的维护和资源拼凑也是需要变化的。

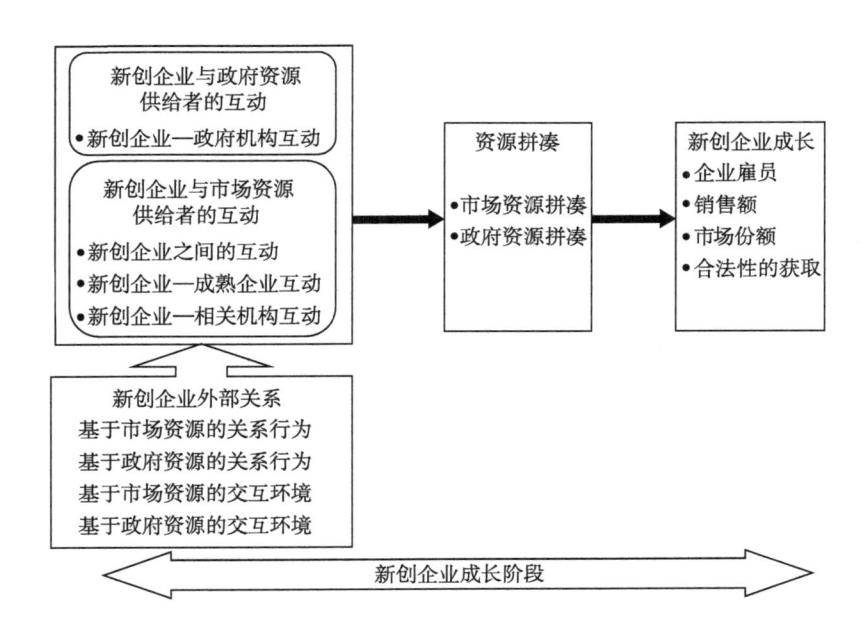

图 7.1　基于资源拼凑视角的新创企业成长模型

（1）生存期。在新创企业的生存期，企业通常面临内外部资源和能力的极大限制。它们可能缺乏资金、市场认可度低，甚至面临技术和人才方面的瓶颈。中国地方政府在"大众创业，万众创新"的鼓励下出台了一系列的优惠支持政策，也从微观层面关心新创企业的发展（如视察、考察新创企业，向上级政府推荐优秀的新创企业），因此，此时若能重视基于政府资源的外部关系，通过政府资源（包括补贴、税收优惠和准入许可）拼凑，可以在竞争激烈的市场中生存下来。

（2）成长期。随着新创企业逐渐受到市场的重视和政府的关注，它们在竞争激烈的市场中取得了一些成功。然而，行业环境可能仍不是非常友好，竞争依然激烈。在这一阶段，企业需要找到平衡，同时与政府资源供给者和市场资源供给者互动。企业家需要合理分配时间和精力，以便利用市场资源拼凑和政府资源拼凑，最大限度地利用其获得的资源。这可能包括在与投资人、客户和合作伙伴互动时，展示政府奖励和认证，以增加信任和合作机会。

（3）成熟期。新创企业已经积累了一定的市场份额和能力，并在政府和市场两方面取得了平衡。此时，市场秩序已经相对成熟，政府的直接干预通常较少。新创企业应开始更多地关注市场资源供给者，以挖掘更多的潜在市场资源，为企业的持续发展作准备。这可能包括进一步发展产品、扩大市场份额、寻求国际机会等。在这个阶段，市场资源拼凑变得更为关键，可帮助企业实现可持续的成长。

总之，在新创企业的不同阶段，它们需要灵活地调整其外部关系和资源拼凑策略。政府资源和市场资源供给者之间的平衡会随着企业的成长而发生变化，因此，企业需要根据其当前的需求和市场情境来决定如何最好地利用这些资源，以实现长期的成功成长。这种灵活性和策略性的外部关系管理对于在中国独特经济环境中的新创企业至关重要。

三 案例：感知集团的双重资源拼凑协同对企业成长的影响

本书的第一手调查来自对参与物联网三大政策决策过程中的主要成员，有国务院发展研究中心人员、地方政府官员、研究机构研究员、重庆邮电大学与东南大学的专家，以及无锡感知集团、华为、中国移动与聚星仪器技术有限公司的技术骨干与管理人员。不同于前几章的是，本部分将访谈的重点由关注政策决策过程转变为关注感知集团在此过程中的行为。作为物联网行业的新创企业，感知集团通过有效地调配和整合市场与政治资源，成功地确立了其在行业中的领导地位。这种策略使感知集团的影响力持续增强，成为物联网领域的一个重要竞争者。

（一）案例概述

感知集团总部位于中国无锡，致力于为行业提供一流的高端产品和物联网系统解决方案。集团创始人带领团队在物联网领域，从1999年大脑中的"火花"闪现，到"微系统信息网""传感网"，再到肩负"感知中国"重托，在物联网的开拓路上，一路跋涉，从科研团队发展为企业集团。

感知集团自成立以来，全面推进"感知中国"建设，对物联网技术创新和产业化的引领作用日益凸显，已逐步发展成为专业从事物联网的研究、开发、标准化、系统集成、高端制造、解决方案、运营服务、金融、地产的综合物联网产业化集团。集团业务分为四大板块，即研究与标准板块、产业板块、金融板块、地产板块，其中以物联网产业化为主营业务，其余为支撑主营业务而展开。现已拥有15家子公司，分布在无锡、南京、成都、天津、北京、上海、青岛、南宁等地。

集团致力于物联网的技术创新和标准化制定。团队提出了首个物联网的完备理论体系——感知社会论，并解决了物联网产业化的全球难题，即创建了一个"通用平台+应用子集"的体系结构，破解了规模产业化的瓶颈问题，并且主导国际标准组织（ISO）物联网标准化以及国家物联网标准化的制定。集团致力于为行业提供一流的高端产品和物联网系统解决方案。基于共性平台+应用子集的体系，和行业用户紧密结合，已快速拓展安防、安监、交通、电网、烟草、医疗、农业、环保、消防等十多个行业应用，研发出近百种产品、数百种解决方案，部分产品远销欧美发达国家和地区。集团正积极探索并创新性实践物联网领域的产业和金融的结合，与光大、诺亚、陕金控等知名的金融机构相继成立合资基金管理公司，运用物联网产业投资基金，推动传统产业的物联网化改造和战略性新兴产业的发展。

(二) 案例分析

本章研究以感知集团的发展历史为主线，以推进企业发展的事件作为节点，分析新创企业在生存期、成长期和成熟期的不同行为及其所产生的作用。

1. 生存期（1999—2008年）

（1）基于市场资源的关系行为

从感知集团的发展历史中我们可以观察到，感知集团的主要团队成员来自中国科学院上海微系统与信息技术研究所。创始人团队作为中国物联网领域的领军者，亲身经历了从发现传感网在未来可能起到巨大作用，到将相关技术直接应用在安防、水治理等领域的过程。在生存期，团队开展了众多的基于市场资源的关系行为，具体如下。

首先，该团队推出了一系列新产品，涵盖了多个重要项目。2004年，他们为国家某部委展示了无线传感网技术，并投入使用了车载应急通信系统；2007年，开发了应用于世博园区的防入侵传感器网络关键技术；2008年，又相继在浦东机场部署了防入侵系统，并实施了ITS浦东示范工程。这些产品的推出体现了团队与产业链上合作伙伴之间的承诺，展示了相互之间的沟通、信任和依赖。

其次，团队积极与国内外合作伙伴建立关系。例如，与中国移动合作，与诺基亚合作，与日本研究团队合作等。一方面，这些合作将团队嵌入更大的市场网络，为充分拼凑市场资源奠定了基础。另一方面，合作推动了技术创新与应用领域的拓展，也推动产品的产业化，凸显了企业之间合作关系的重要性。

由于时间跨度较大，我们难以找到足够数量的新闻来展示团队与市场资源供给者沟通的证据。然而，在企业的后两个发展阶段中，不断推陈出新充分说明了在生存期，企业拼凑市场资源以获得生存的可能。

（2）基于政府资源的关系行为

在国家推动为主要动力的重大、重要产业发展过程中，产业的初期发展离不开企业与政府资源的互动和合作。创始人团队凭借着卓越的技术积累，为政府部门和地方政府提供了技术应用实践。特别是在生存期，团队的努力可以被视为推动整个行业发展的主要因素，体现在以下几个方面。

①依赖。团队依赖政府的支持和政策倾斜来推动物联网技术的发展。政府在政策、资源分配和市场准入方面的支持，为企业提供了依赖的基础。企业可以依赖政府来提供必要的资源和环境，以加速技术的研发和市场的扩大。

②承诺。企业与政府之间的合作建立了相互的承诺。政府官员的关注和支持，以及对企业发展的浓厚兴趣，传递出政府对企业的承诺。这些承诺通常通过政策支持和资源提供来实现。企业在这些承诺中也表明了它们愿意与政府协作，以实现共同的目标。

③沟通。沟通是建立依赖和承诺的关键因素。企业通过向政府官员汇报和参与政府部委的考察活动，同政府建立了沟通渠道。这有助于双方了解彼此的需求和期望，并及时解决问题。政府支持和政策制定也需要有效沟通，以确保政府的资源和政策与企业的需求相匹配。

④信任。信任是建立在依赖、承诺和有效沟通基础之上的。政府的支持和优惠政策可以增强企业对政府的信任。同样，政府也需要信任企业的技术和承诺，以确保资源的有效使用和政策的成功实施。

（3）基于市场资源的交互环境

在生存期，尽管与市场资源提供者的高适应性尚未全面展开，但是无线传感技术已在产业链的部分环节得到初步应用。这一应用为未来的发展奠定了基础，并在市场资源供给者中引起了广泛的关注，使他们开始认识到这一新兴技术领域的潜力。与此同时，团队所在的组织积极推动技术应用研讨会，旨在吸引知名企业和高等教育机构的参与，以促进创新和资源共享，创造协作关系的有利氛围。创业团队一方面建立实验室并继续投入资源以支持研究和创新，有助于培养创新的氛围、助力高适应性的发展；另一方面与不同领域企业合作，促进创新的发展和传播，引入新的理念，以支持产品研发，建立良好的关系氛围。

通过观察新闻数据，我们可以明显看到，尽管无线传感技术的应用范围相对较窄，但是已经在一些实际场景中取得了一些显著的成果和成功案例。这些成功案例为市场资源提供者提供了新的投资机会，引发了他们的浓厚兴趣。他们开始意识到，这项技术可能在未来成为一个具有巨大市场潜力的领域，因此积极考虑在这一领域进行投资和开展合作。例如，与中国移动合作项目，参与中国电科集团的研讨会，直接把技术应用在一些地方政府项目中，这逐渐带动了产业链上各个企业如雨后春笋般出现。

此外，从后续两个发展阶段的大量会议和合作活动中可以看出，在生存期，已经有大量市场资源供给者开始积极策划与相关团队的合作。这表明他们已经意识到，与这些技术团队建立战略合作伙伴关系将有助于推动整个行业的发展，并为他们自身创造更多机会。这种积极策划和合作活动进一步证实了市场资源供给者对无线传感技术的兴趣和认可，以及他们为开拓新的市场机会而付出的努力。

这些合作和互动不仅有助于技术的进一步发展和推广，还为市场资源提供者和技术团队之间建立了相互信任的基础，增强了彼此的信心，共同致力于无线传感技术的商业化成功。因此，这种紧密的合作关系将为未来的市场发展提供坚实的基础，并为该领域的创新和投资创造更多机会。

（4）基于政府资源的交互环境

从适应性角度来看，团队与地方政府具有高度适应性。例如，团队与宁波市北仑区、嘉兴市以及无锡市等地方政府进行合作，共同设计并测试了一系列紧急必需的产品，包括车载应急通信系统、乌镇海事所进行的产品测试工作以及基于无线传感网的治理太湖水质等。这些合作不仅使企业开发新产品、拓展产品应用场景成为可能，而且为地方政府的数字化战略部署提供了新思路，也产生了高效率的新产品。这个高适应性和构建的关系氛围表现在以下几点。

①推动地方经济发展。团队的项目涉及前沿科技和创新，应用成果有望推动地方经济发展。这些成果可能涉及新技术、新产品或新服务，有助于吸引更多企业投资、创造就业机会，并提升地方的产业竞争力。

②提升地方科技水平。与国家级别的项目团队合作，地方政府能够吸引顶尖科研人才和科研机构，从而提升地方的科技水平。这有助于培养本地科研人才，提高科技创新的能力。

③提供解决方案。与团队的合作为地方政府解决了实际问题，包括环境保护、医疗卫生、交通管理等各个领域。地方政府应用这些成果来改善社会和公共服务，将为中央政府提供解决问题的示范案例。

④国家政策的支持。地方政府在国家科研项目中成功应用合作成果，通常会获得国家政策的支持和认可。这可能包括奖励、资金支持或其他激励措施。

⑤加强地方与中央政府的合作。与中央政府就国家级科研项目的应用成果合作，可以加强地方政府与中央政府的合作关系。这种成功合作将有助于建立信任和积极的伙伴关系，为未来的合作奠定坚实基础。

总的来说，地方政府与团队的合作是一种双赢。地方政府可以通过这种合作提升科技水平、解决社会问题、吸引投资和获得政策支持，从而为中央政府的发展目标作出贡献，为地方政府赢得荣誉和支持。这样的合作有助于建立更加紧密的政府关系，为国家的可持续发展作出贡献。

2. 成长期（2009—2015 年）

2009 年，创始人团队的成果展示和汇报启动了中央政府在无锡建设"感知中国"中心的构想。几年之后，感知集团成立，正式迈入了企业的成长期。在随后的几年时间里，感知集团利用前期的成果，不断地将政府资源与市场资源进行协同拼凑，从而促进了企业在短时间内的快速发展。

（1）基于市场资源的关系行为

①依赖。从市场资源依赖的角度看，感知集团不仅推进产品的开发，同时也在积极地构建创新生态系统，从而实现外部市场资源的获取和整合。创业团队与市政府、产业机构和学术界之间的相互依赖关系反映了资源共享和互助的特性。从研究机构转化而来的新创企业凭借着创新能力和新产品与市政府形成了依赖关系，以促进物联网技术

和产业的发展。与国际重要合作伙伴的合作也表明，感知集团显示了其在全球市场寻求资源以获取先进技术和市场洞察的策略。

②承诺。市场资源提供者在物联网领域的承诺可被视为一种"产业承诺"。通过签署战略合作协议、共建研究中心、共同开发新技术下的产品，不同领域的企业承诺在物联网技术和产业发展方面提供支持和资源。这种承诺对市场参与者来说是一种信号，有助于降低创新风险，从而增加了新创企业的投资意愿。

③沟通。沟通在推动创新生态系统中的各个参与者之间的合作和协调方面起到了关键作用。科普活动、知识传播和合同签署等行为都是信息交流和沟通的例子。感知集团通过组织或参与这些活动，传递物联网领域未来前景的信息，号召为其他市场参与者提供引导和帮助。此外，国际合作也需要有效的沟通，以促进跨国项目的实施和知识共享。

④信任。信任是企业进一步合作的基石。产业机构、学术界和市场参与者之间的信任关系有助于建立可持续的合作。各种企业对于参与物联网技术和产业的承诺、资源配置和企业战略调整，构建了市场参与者的信任。此外，国际合作也依赖信任关系，以确保信息的安全性和合作的可靠性。

总之，感知集团的成功经验凸显了市场资源依赖、承诺、沟通和信任的建立在推进物联网产业中的重要性。这些因素共同推动了物联网技术和产业的发展，为区域经济和全球创新网络的增长做出了贡献。

（2）基于政府资源的关系行为

①依赖。政府在无锡地区传感网和物联网产业发展中的重要角色显示了当地物联网企业对地方政府的依赖。政府的支持和政府资源为这一产业中的企业提供稳定的资金、政策和法规支持。

②承诺。各级官员的重要指示表明政府在传感网和物联网产业发展中的承诺。政府不仅提出方向，还通过制定政策、拨款和提供资源以支持产业生态系统的发展。签署战略合作协议、主持研讨会和专家论证会等活动也彰显了政府的承诺，这些活动在推动物联网技术和传

感网产业的发展中发挥着关键作用。在物联网产业中,由国家多个部委和江苏省政府组成的无锡示范区部际建设协调领导小组强调政府资源的整合和协同。这种政府层级间的协调机构实际上是在对政府资源的合理分配和协同使用进行承诺。

③沟通。感知集团向政府提交了物联网专题报告和企业发展状况等文件,反映了两者之间积极的信息共享和沟通。这种信息传递不仅有助于协调各方的资源和行动,还促进了政策制定与企业需求的紧密对接,从而有效推动了共同目标的实现。

④信任。信任在企业与地方政府之间的合作中起关键作用。政府的政策扶持、资源分配和对创新生态系统的支持构建了产业界对政府的信任,鼓励它们在该地区继续投资和发展。部际沟通协调小组的成立实际上也在传递着中央政府对感知集团和无锡市政府的充分信任。

综上所述,中央政府、地方政府在感知集团成长过程中形成的依赖,构建的承诺、沟通和信任是推动物联网发展和企业成长的关键要素。政府作为政府资源的分配者和协调者,为科技创新和产业发展提供了必要的支持和环境,有助于加速感知集团在物联网领域的成功发展。

(3) 基于市场资源的交互环境

①适应性。合作协议、研讨会、论坛等活动反映了市场资源的整合和交流。这些行为不仅有助于加速物联网技术和应用的发展,还提供了机会,以共同开发市场资源,包括技术、资金和知识。政府、企业和研究机构之间的合作是市场资源整合的关键因素,通过协同努力,有助于实现更大的市场潜力。国内外展览和技术展示活动,如中国国际物联网博览会和物联网技术及产品展,为市场资源的交互提供了平台,进一步促进了市场资源整合。

②关系氛围。合作协议、签约活动、共建中心等行为表明政府、学术机构和企业之间的积极合作,营造了积极的关系氛围。这种合作氛围有助于推动市场资源的整合和共享,为物联网和传感网领域的研究与应用提供了有益的环境。专家论证会、研讨会和研究合作活动也有助于改善关系氛围,鼓励各方共同努力,以促进市场资源的开发和

应用。这种积极的关系氛围有助于建立长期合作伙伴关系，从而推动物联网技术和应用的共同发展。

（4）基于政府资源的交互环境

①适应性。政府领导通过召开会议、发表重要指示以及对不同地区的考察和调研，明确了对物联网和传感网领域的发展方向和政治支持。这表明政府在提供政府资源方面具有适应性，能够根据不同需求和地区的特点调整政策和支持措施。政府在面对不同领域的技术和市场变化时，通过政府资源的适应性支持，有助于为企业创造更有利的市场环境，推动创新和发展。

②关系氛围。政府领导的对话、合作协议、专题会议、座谈会等活动为政府资源和市场资源的共享与互动提供了平台，创造了积极的关系氛围。这种合作氛围在政府与企业之间建立了信任和紧密的协作关系，鼓励双方共同努力以推动物联网和传感网领域的研究和应用。政府的积极参与和政府资源支持有助于建立长期的合作网络，促进政府、企业和学术机构之间的互动。

③政府资源与市场资源的协同作用。合作协议、签约活动以及政府部门的支持表明政府资源与市场资源之间的协同合作。政府在制定政策、提供支持和推动物联网产业方面发挥着关键作用。政府资源通过政策支持、合作协议和会议活动，促进了市场资源的整合和创新。市场资源的利用和合作又吸引了政府资源的投入和支持，形成了一个相互促进的良性循环。这有助于推动无锡地区的物联网产业发展，保持感知集团在物联网产业中的龙头地位。

总之，基于市场资源的关系行为和交互环境、基于政府资源的关系行为和交互环境，以及政府资源与市场资源的协同作用，共同推动了感知集团的成长和无锡物联网及传感网产业的发展。市场资源为感知集团在不同应用场景下积累技术应用经验提供了平台，政府资源的利用帮助感知集团优化其产品，使其在研发和应用方面始终走在前沿，确保其在中国物联网产业中处于领先地位。政府资源与市场资源之间的互动形成了一个良性循环，促进了无锡地区物联网产业的发展和感知集团的快速成长。

3. 成熟期（2016 年至今）

（1）基于市场资源的关系行为

①依赖。企业对于市场资源供给者的依赖体现在如下几个方面。第一是技术合作与创新依赖。例如，感知集团与诺基亚建立了技术合作关系，双方共享知识和资源，推动技术的进步，并共同应对市场需求。第二是市场发展依赖。通过合作，感知集团与其他企业一起进入市场，共同探索和开发新的市场机会，分担市场拓展的风险和成本，共同推动市场的增长。第三是市场竞争依赖。企业之间的合作可以加强其整体竞争力。通过合并专业知识和资源，企业能够更好地应对竞争对手，提供更全面的解决方案，并满足客户的需求。这种依赖关系有助于企业在市场上保持竞争优势。

②承诺。市场资源供给者通过签署合作协议和项目承诺，表明他们愿意通过直接或间接为与感知集团共同发展作出承诺。通过收集到的新闻，本书总结出以下的承诺类型。第一是投资承诺，即企业承诺在特定领域或项目中投入一定的资金，以支持新业务的发展或扩大现有业务。例如，感知集团与诺基亚—西门子公司合作成立的合资企业，计划投资 3000 万元，主要投向物联网系统应用解决方案的研发。第二是合作协议承诺。企业通过签署合作协议，承诺与其他组织或政府机构合作，共同推动特定项目或领域的发展。例如，中航工业深南电路与无锡新区签署了投资协议，共同开展半导体封装基板项目，给感知集团带来了技术的应用场景。第三是项目成果承诺。企业承诺在合作项目中实现特定的成果或目标。例如，"530" 计划项目，企业承诺完成一系列项目，并将总注册资金达到一定金额。第四是技术和创新承诺。在一些合作协议中，企业可能承诺推动技术创新，开发新产品或解决方案，或共同研究新技术。例如，中智科技集团在无锡规划智慧云城战略，与感知集团合作提供面向城市公共服务体系的智慧物联整体解决方案。第五是社会责任承诺。企业可能承诺履行社会责任，为当地社区或环境作出积极贡献。这种承诺通常表现为企业支持可持续发展或环保倡议，例如感知集团与合作企业共同改善太湖水质。

③沟通。沟通是市场资源供给者与企业之间建立合作关系的关键。双方需要定期沟通新项目的落地，包括项目的具体安排、资源配置、时间表等。这些项目在签约仪式之后通常需要详细讨论，以确保项目按计划进行。双方还需要就技术和研发进行沟通。这涉及新技术的研究和开发、专利申请、合作研究项目等。例如，感知集团承担了多项物联网研发项目，这需要与企业、研发机构和高校进行紧密的技术交流。除此之外，无锡的物联网和云计算领域已经形成了以感知集团为核心的产业集群，具有一定的集群效应，企业之间的沟通可以促进经验分享和资源整合，共同推动产业的发展。

④信任。信任在市场资源供给者与企业之间的合作中起着至关重要的作用。信任体现为合同和承诺的兑现，例如企业之间签署投资协议，并履行相应的合同，建立信任的第一步。企业之间还通过共享相似的产业链或目标来深化这种信任关系。例如，深南电路和一汽锡柴与"感知中国"中心共同在半导体封装基板领域的投资和在再制造领域的努力。企业之间的技术合作和创新也有助于建立信任。又如，感知集团的物联网技术在多个应用场景方面的创新展示了它在行业内的实力，这可以增加其他企业对其的信任。

（2）基于政府资源的关系行为

随着感知集团的日益壮大和无锡物联网产业的迅速发展，无锡市政府在政府资源的供给方面给予了更多的支持。

①依赖。感知集团依赖无锡市政府提供的资源，通过多种方式实现其快速成长和行业领先地位。例如，无锡市政府制定并实施了更具针对性的支持政策，为包括感知集团在内的物联网企业提供税收优惠、财政补贴和创新激励；增加专项资金和产业基金的投入，提供低息贷款和直接投资，助力企业技术研发和市场拓展；加大对物联网相关研发中心、孵化器和产业园区的投资，提升企业的研发和生产环境等。

②承诺。政府通过制定政策和明确的资源支持承诺鼓励企业和机构在物联网和信息技术领域进行创新和发展。这些承诺为企业提供了信心，表明政府愿意支持创新和科技发展。例如，政府将采用感知技

术方案来提高食品安全和管理，使农贸市场更加安全和透明。这是政府的明确承诺，表明政府愿意支持将感知技术应用在食品安全改进方向上。

③沟通。政府通过召开会议、座谈会和调研等方式积极与企业和机构进行沟通，以了解它们的需求和发展计划，并根据这些反馈来调整政策和支持措施。这种有效的沟通确保政策和支持措施更贴近实际需求。例如，政府举行技术方案审定会，与各方技术专家进行热烈的探讨。这种沟通帮助政府了解专家的意见和建议，有助于确保方案的成功实施。

④信任。政府的角色还包括建立信任。政府的政策和承诺需要被企业和机构信任，以便它们愿意投资和创新。通过积极的沟通和对成就的肯定，政府有助于建立对企业和机构的信任，鼓励它们继续支持地方发展。例如，政府的承诺和有效的沟通有助于建立信任，使农贸市场的相关方、感知集团以及无锡市政府三方对感知技术方案产生信任，相信它可以改善食品安全。

（3）基于市场资源的交互环境

在成熟期，企业与市场资源供给者之间的适应性体现在以下方面。

①战略一致性。当市场资源提供者的战略与企业的战略目标和需求高度一致时，企业更愿意与其合作。这种一致性有助于建立积极的关系氛围，因为企业感到它们得到了支持和认可。例如，中航工业公司战略支持物联网和云计算等，这与感知集团的战略规划相符，将有助于促进双方的积极合作关系。

②经济利益互补。当市场资源供应者和企业之间的经济利益相辅相成时，它们更愿意进行合作，因为这种合作可以帮助双方实现经济增长。这一观点在上述新闻中得到了证实，感知集团与众多企业，尤其是新创企业之间的合作不仅推动了整个行业的迅速发展，还有助于双方在经济方面取得进步。

③灵活性和快速响应。当市场资源提供者能够灵活适应企业的需求，并迅速响应变化时，企业更愿意与其合作，因为企业感到它们的

需求得到了关注。例如，政府可以调整政策以满足企业的新需求，或者提供迅速的支持来解决问题，这有助于建立积极的合作关系。

交互环境的另一个观察维度是关系氛围。在成熟期，关系氛围主要体现在以下几个方面：第一，合作共赢的氛围。这种良好的互动可以帮助合作双方在几年内创造巨大价值。例如，感知集团与诺基亚—西门子公司的合资项目以及其他合作项目显示了不同企业之间愿意共同合作，分享资源和风险，以实现物联网领域的共同目标。第二，共建创新载体的氛围。中兴公司在感知集团的初创期就开始探索合作，并最终与无锡新区管委会签署了共建智能交通物联网产业园的合作协议。这不仅反映了双方的共同愿景，而且还创建了一个共同的创新和发展平台。第三，科技创新创业的合作氛围。扬名科技创业中心的启用和40个项目的签约显示，新兴企业和现代服务业项目之间存在合作的氛围，这将有助于推动物联网技术的创新和发展。第四，国际合作的氛围。以感知集团先进技术为核心的无锡"感知中国"中心与日本NTT通信株式会社的合作协议显示出国际企业之间共同探索物联网领域的愿望，加速了物联网的产业化和全球推广。

（4）基于政府资源的交互环境

由于政府资源供给者的不同，基于政府资源的适应性有以下特征：第一，政府在政策方面表现出了适应性，以支持新兴产业的发展。例如，政府提供了灵活的政策扶持举措，包括资金支持和税收激励，以鼓励物联网产业的发展。这种政策的灵活性使政府能够根据市场需求和行业趋势进行调整，以促进企业的成长。从企业的角度来说，新创企业愿意加入无锡市的国家传感网创新示范区，这显示了二者高度的适应性，彼此成就和促进相关产业的发展。第二，政府对市场需求的积极响应也是适应性的表现。政府了解物联网产业的需求，特别是在水利管理领域的需要，并采取措施来推动"感知太湖·智慧水利"项目的建设。这显示了政府愿意根据行业需求进行适应，以提高水文水利监测和应急处理的能力。从企业的角度来说，新兴技术需要找到更多的应用场景以满足企业创新和快速发展的需求。第三，政府还通过与各类公司合作，共同研发物联网解决方案，展现了适应

第七章 战略性新兴产业背景下基于资源拼凑视角的新创企业成长模型

性。这种技术合作有助于整合先进的技术和解决方案，以满足国内需求，促进产业的发展。政府将无锡确定为国家传感网创新示范区，表明政府致力于打造物联网产业的发展基地。这种规划有助于吸引更多的企业和投资，推动产业的发展。第四，政府通过不断关注市场趋势，确保物联网产业在新的市场需求出现时能够迅速调整自己的政策和支持措施。这表明政府具有灵活性，能够适应不断变化的经济和技术环境。

通过政府和企业之间的紧密合作以及政策的灵活调整，感知集团和地方政府表现出了适应不断变化的经济和产业环境的能力。它们共同推动了新兴产业的增长和创新。政府作为政府资源供给者，在政策制定、资源引导和项目支持等方面扮演着至关重要的角色，有助于促进地区经济和产业的增长。这种适应性有助于政府和企业实现可持续发展目标。

成熟期的关系氛围包括以下几个方面：

①政府支持项目签约。新闻中提到有多个项目在签约仪式中获得政府的支持。这反映出政府在支持和鼓励各类项目方面扮演了积极的角色。政府与企业之间的密切合作有助于项目的成功启动和推进，进而推动技术和产业的发展。

②政府的鼓励和支持。政府对一些项目表示充分的肯定和鼓励，这种态度有助于企业树立对政府的信任。这种信任是在市场经济中保持创新和持续发展的关键因素。政府的明确表态和承诺有助于建立积极的合作氛围。

③政府组织项目会议。政府组织示范工程的启动仪式、项目论证会和工作会议，这显示了政府在项目管理和合作方面发挥了积极的作用。政府与企业之间的定期沟通和协调有助于确保项目顺利进行，并有效解决问题。

④项目成果的共享和汇聚。政府鼓励项目的资源共享和合作，如无锡市公安交通指挥中心等项目，这有助于集中资源，提高效率，推动物联网产业的健康发展。政府在推进项目的实施中起到了重要的协调作用。

⑤政府的指导和支持。政府领导小组会议的召开和政府代表的出席表明政府对物联网项目的重视。政府与企业和机构之间的会议有助于明确项目目标、资源分配和合作方向。

总的来说,新闻中反映的政府与企业之间的良好互动关系氛围有助于推动物联网和感知技术产业的发展,以及相关项目的顺利实施。政府在项目支持、资源引导、政策扶持和合作协调等方面发挥了关键作用。这种合作关系有助于促进技术创新和产业升级,提高了地区经济的竞争力。

第三节　本章总结

本章着重探讨了市场资源和政府资源的外部关系维度对新创企业成长绩效的影响机制。

首先,本章着眼于新创企业与市场资源提供者和政府资源供给者之间建立的外部关系,以及这些关系对企业成长绩效的重要性。针对市场资源维度,建立良好的关系意味着通过沟通有效实现目标,解决潜在冲突,提高企业的成长绩效。信任、承诺、沟通、依赖等因素在关系质量中扮演着关键角色。通过适应性以及创造有益的关系氛围,关系双方能够更好互动,促进创新和知识共享,为企业带来成长机会。

其次,本章研究发现在中国的战略性新兴产业发展背景下,地方政府扮演着关键的政府资源供给者角色。高质量的外部关系帮助新创企业获取政府资源、政策信息和洞察力,使其能够更好地预测政策趋势和适应政策变化。政府资源拼凑能力的提升还包括积极参与政策制定、政府支持以及政策制定的建议。新创企业与政府的外部关系还有助于企业获取更多的政府资源,吸引更多的合作者和客户,帮助企业成长。为实现企业的可持续发展,政府资源与市场资源之间的协同作用是关键。

最后,本章将政府资源拼凑和市场资源拼凑视为中介变量,以帮助解释新创企业外部关系与企业成长之间的相关性。这些中介变量提供了深刻的见解，有助于企业更好地管理政府和市场关系，衡量其应对政策变化和市场挑战的能力。

因此，本章强调外部关系质量对新创企业的成长绩效具有重要影响，特别是在市场资源和政府资源的背景下。这些外部关系能够帮助企业获取重要的资源、政策支持和市场机会，为其可持续发展提供有力支持。

第八章　研究结论与实践启示

第一节　研究结论

本书回答了中国情境下，推动战略性新兴产业发展的政策决策过程的特点，中央政府、地方政府、科研机构与企业的行动、互动方式及规律，以及互动如何帮助政府实现基于证据的战略性新兴产业政策决策等问题，并得出了如下研究结论，如图8.1所示。

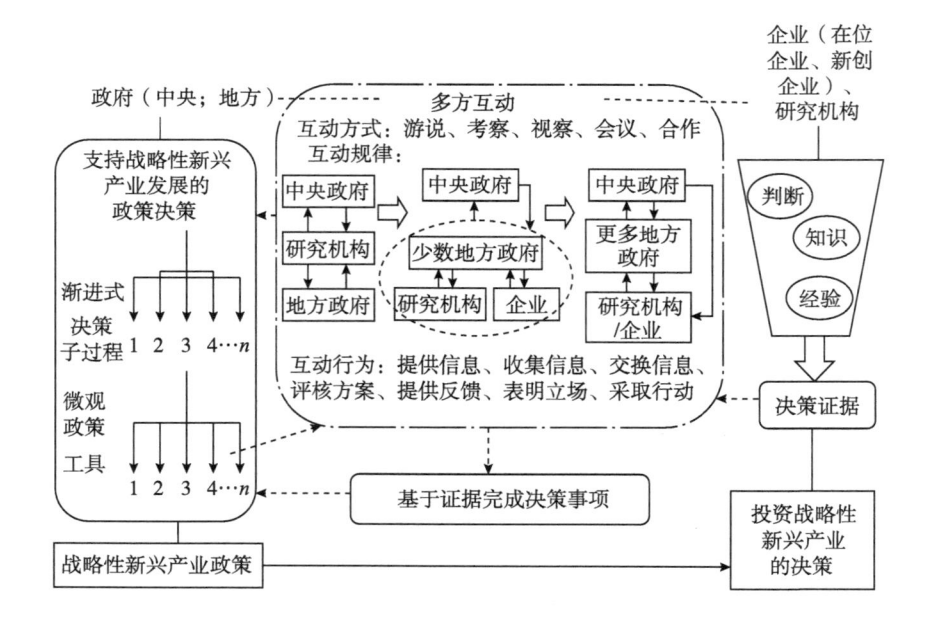

图 8.1　战略性新兴产业政策决策过程中的政府与企业

第八章 研究结论与实践启示

本书详细地阐述了战略性新兴产业政策决策过程，并总结出其渐进式的特点。政策决策者将推动战略性新兴产业发展的产业政策决策分成多个渐进式子决策过程，并且在每个子决策过程中发起或参与大量的互动。基于这些多方互动，众多的微观政策工具逐渐形成，并且由政策决策者在互动中予以实施。这些微观政策工具通过对企业、研究机构具体的研发和生产项目给予肯定或资源支持的形式直接影响企业、研究机构的行为，而产业政策则通过规划和规则宏观影响企业、研究机构的行为。

本书对于现有研究的理论贡献包括以下几个方面。

第一，已有的研究对于"渐进式"的定义主要是在公共政策决策中，是指为了追求重新定义的政策目标而对现行的脚步进行微调整。而在中国战略性新兴产业的产业政策决策过程中，"渐进式"强调的是政策决策者在每个子决策过程中解决掉相应的阶段性决策事项，再进行下一个阶段性决策事项。这些事项之间严谨的逻辑关系使政策决策者不能一蹴而就，只能慢慢地、"摸着石头过河"式地进行政策决策。此外，过去对于互动的研究主要集中在作为产业发展推手的政府采取何种政策或者政策工具来刺激新兴产业的发展（Spencer, Murtha and Lenway, 2005），以及企业是如何影响政府的企业政治战略的（Hillman and Hitt, 1999；田志龙、高勇强、卫武，2003），对于互动如何帮助政府政策决策是缺乏研究的（Stigson, Dotzauer and Yan, 2009）。本书通过大量的文本分析发现，基于多方互动基础之上的微观政策工具实际上是帮助政策决策者推动产业行动者行动的重要手段。存在微观政策工具是因为在战略性新兴产业发展中，产业政策决策所需要的信息通常并不存在，这需要政府与产业行动者一步步行动去获得。但是，考虑到战略性新兴产业所具备的不确定性与风险，研究机构与企业需要更多的来自政府的鼓励和推动。"微观政策工具"概念的提出不仅解释了多方互动的作用，还揭示了政府在政策决策过程中会直接影响企业行为从而干预行业发展。微观政策工具还强调基于证据的政策决策。它们能够在短时间内生成解决政策问题所需的证据，而不需要烦琐的程序和会议。政府通过设计和实施微观政策工具，通过不断的互动和反馈，从行动者那里获取证据，鼓励他们采取具体行动，形成一个基于证据的政策决策闭环过程。

第二，本书拓展了基于证据的政策决策相关理论。本书通过详细的案例分析、内容解析和深度访谈，构建了一种基于证据的战略性新兴产业政策决策框架，全面地阐释了政策制定者在不同阶段利用证据推动战略性新兴产业发展的决策逻辑。在此过程中，我们识别出五种关键的互动模式，这些模式发生在证据的产生、传递和实施中，强化了政策制定的实证基础，包括信息在证据生产者和使用者之间的共享、政策决策者与业界的协同作业，以及微观政策工具的策略性应用等。这些互动不仅丰富了我们对政策决策复杂性的理解，也揭示了如何优化证据运用以提升政策决策的质量。

第三，通过纵贯研究，本书发现在战略性新兴产业的产业政策决策过程中，互动主体随着战略性新兴产业政策决策阶段的不同而发生变化。本书从制度创业者理论的视角对这个问题进行了剖析，发现青年学术带头人和地方政府是一类新的制度创业者。他们进行制度创业的外部因素主要来自现行制度推力和市场拉力两大动力，内部因素是竞争压力，进一步总结了他们所采取的制度策略。在本书的研究背景下，我们探讨了一个新兴场域中的制度创业者行为。这种基于场域特殊性所得出的相关结论对现有的关于制度创业者的理论进行了补充和扩展。

第四，本书对战略性新兴产业发展背景下新创企业的成长展开了讨论。本书深入分析了新创企业在战略性新兴产业发展过程中如何通过整合市场与政府资源来推动成长，并提出了资源拼凑理论的重要扩展。新创企业需要通过建立与市场资源提供者和政府资源供给者的有效外部关系，优化资源配置，利用政策支持和市场机会，提高其适应性和竞争力。市场资源整合侧重于通过沟通和信任建立良好的合作关系，促进创新和知识共享，而政府资源整合则帮助企业更好地适应政策变化并积极影响政策制定。进一步地，本书阐述了市场资源和政府资源的整合协同过程。这不仅强调了传统资源拼凑理论对市场资源的关注，还指出政府资源的整合对于新创企业同样至关重要。本章的分析和观点为资源拼凑理论提供了新的维度，即在市场资源的基础上融入政治资源的整合，显示了这种综合性策略如何使企业在复杂多变的市场和政策环境中获得竞争优势。

第二节 实践启示

本书对于中国战略性新兴产业政策决策具有实践上的指导意义。

首先，如何进行战略性新兴产业的政策制定？在战略性新兴产业政策制定方面，本书的研究结论为政策决策者提供了重要的启示。在这一过程中，政策决策者和产业行动者之间的密切互动起到了关键作用，有助于克服决策信息的不足以及对其他行动者的依赖所带来的不确定性。考虑到战略性新兴产业通常处于其生命周期的早期阶段，并且缺乏可供学习和比较的经验，政策决策者必须采取逐步渐进的方式来解决政策问题。在每个宏观政策决策过程中，政策决策者在逻辑发展规律的指导下采取行动。一方面，他们努力收集更多的决策信息；另一方面，在与产业行动者的互动中进行微观政策决策。这包括向产业行动者提供口头承诺、优惠条件、肯定现有成就以及鼓励他们朝着特定方向采取行动等。尽管这些微观决策通常不体现在正式政策文件中，但对产业行动者而言，政策决策者的口头承诺具有相当的约束力，可以确保他们的经济和政治利益得到保障，因此激发了他们采取行动的动力。与此同时，产业行动者的行动承诺也对政策决策者产生了积极影响，降低了他们对产业行动者的依赖所带来的不确定性。这一研究启示了一种基于证据的政策决策过程理念，强调了政策制定中信息获取和互动的重要性。政策决策者需要通过与产业行动者建立有效的沟通渠道，借助口头承诺和行动承诺，以逐步推动新兴产业的发展。这种互动过程有助于降低不确定性，推动政策制定的有效实施，同时也为产业行动者提供了信心和动力以积极参与新兴产业的发展。这一基于证据的政策决策理念为政策决策者提供了有力的指导，以更好地引导和推动战略性新兴产业的发展。

其次，如何进行互动方式的选择？具体如下。

（1）中央政府通过考察和视察活动进行最终信息与方案的确认，并作出微观政策决策。具体来说，在战略性新兴产业的政策决策过程中，中央政府首先进行大量的考察活动来收集第一手资料，形成相对客观、准确、全面的备选方案。然后在视察过程中，中央政府一方面做最终的信息与方案的确认，另一方面做出微观政策决策以实现对地方政府、研究机构和企业的激励作用。

（2）地方政府虽然也可以在视察活动中作出地方层面的微观政策决策以刺激地方的研究机构与企业的行动，但是更多的时候，地方政府把精力与时间放在收集一手信息、与产业行动者面对面交流以及直接进行合作的互动中。对于地方政府来说，它需要提高自身的竞争力，才能够在国家层面的产业政策决策过程中成为中央政府的备选方案。因此，它需要在与产业行动者的会谈中提升知识运用能力、专家交往能力和业务能力，并与其形成良好的合作关系以建立地方的核心竞争力，提前采取行动。

（3）在宏观政策决策的过程中，研究机构的角色逐渐从单纯的汇报者转变为合作伙伴。研究机构掌握了关于创新的关键信息和技术知识，这些知识使它们在与政策制定者互动时具有信息优势。利用这一优势，研究机构可以有效地参与到政策决策的过程中。研究机构和企业可以通过建立与政府和其他行业参与者的稳固合作关系来提高自身在政策制定过程中的影响力。例如，它们可以共同开发技术解决方案，领导制定行业标准，参与政府引导的产业发展项目，或通过实际成果展示其对政策目标的承诺，从而更有效地利用外部资源。这种从汇报到合作的转变，标志着研究机构在政策决策中扮演着越来越重要的角色。

最后，如何选择互动的对象？本书的研究启示是随着决策事项的不断演化，政策决策者需要审慎选择适当的互动对象，这对于成功制定战略性新兴产业政策至关重要。第一，在技术确认决策过程中，政策决策者需要面对众多技术路线的选择，这其中需要选取那些代表未来科技和产业发展新方向，且目前尚处于成长初期但未来发展潜力巨大的技术。这个选择过程对政策决策者来说非常具有挑战性，因此需要频繁地与证据生产者，如科研机构、企业和新创企业等，进行互动，以共同选择适合的技术路线，从而降低政府面临的不确定性。第二，在基地建设决策过程中，中央政府通常更倾向于选择那些具备较好基础和能力的地方政府进行扶持，采用竞争性的资源配置方式。这意味着那些已经提前采取行动并与证据生产者，如科研机构和企业等，合作共同实现了技术研发和应用突破的地方政府成为中央政府的互动对象。这种竞争性的资源配置方式鼓励地方政府在战略性新兴产业中与当地的企业合作，共同生产决策所需的关键证据和数据。只有通过合作并取得成绩，这些地方政府才能够获得中央政府的更多关注和支持。地方政府与当地的企业和科研机构密切合作，共同推动技术研发和创新，为制定政策提供了可靠的数据和依据。这种合作方式不仅有助于提高政策决策的准确性，还鼓励了地方政府和企业在新兴产业中的积极参与，促进了地方经济的发展和新兴产业的繁荣。地方政府在战略性新兴产业发展过程中提前采取行动和选取科研机构、企业进行合作，拥有显著的成绩对于获得中央政府的认可和支持至关重要。第三，在产业规划决策过程中，中央政府已经确定了发展战略性新兴产业的坚定决心，因此需要进行资源的普惠性配置，以推动这些产业的全面发展。在这一决策过程中，中央政府需要积极与更多的地方政府进行互动，并从中选择符合条件的地方政府进行扶持。这个选择过程应当基于对各个对象的深入了解，尤其是那些充当证据生产者角色的实体，如科研机构、企业和新创企业等。政府应该关注那些愿意积极与企业合作、共同生产决策所需的关键证据和数据的地方政府。这种合作为中央政府提供了可靠的决策依据，加速战略性新兴产业的实际落地和发展。

参考文献

蔡江：《基于财务风险管理的企业内控体系优化路径》，《中国商界》2023 年第 9 期。

蔡莉、尹苗苗：《新创企业学习能力、资源整合方式对企业绩效的影响研究》，《管理世界》2009 年第 10 期。

曹明贵：《低碳经济视角下新兴战略产业发展的思考》，《经济研究导刊》2012 年第 3 期。

陈闯、叶瑛：《创业投资家—创业企业家之间信任影响因素不对称性的跨案例研究》，《中国工业经济》2010 年第 1 期。

陈国权、周为：《领导行为、组织学习能力与组织绩效关系研究》，《科研管理》2009 年第 5 期。

陈劲、魏诗洋、陈艺超：《创意产业中企业创意扩散的影响因素分析》，《技术经济》2008 年第 3 期。

陈玲、林泽梁、薛澜：《双重激励下地方政府发展新兴产业的动机与策略研究》，《经济理论与经济管理》2010 年第 9 期。

程宇：《加快形成新质生产力》，《人民日报》2023 年 11 月 21 日第 9 版。

方世建、孙薇：《制度创业：经典模型回顾、理论综合与研究展望》，《外国经济与管理》2012 年第 8 期。

费钟琳、魏巍：《扶持战略性新兴产业的政府政策——基于产业生命周期的考量》，《科技进步与对策》2013 年第 3 期。

龚玉环、卜琳华、孟庆伟：《复杂网络结构视角下中关村产业集群创新能力分析》，《科学学与科学技术管理》2009 年第 5 期。

郭巍青、涂峰：《重新建构政策过程：基于政策网络的视角》，

《中山大学学报》（社会科学版）2009 年第 3 期。

国务院办公厅：《温家宝江苏考察：让经济发展更具可持续性竞争力》，中国政府网，2009 年 8 月 9 日。

国务院办公厅：《温家宝发表〈让科技引领中国可持续发展〉的讲话》，中国政府网，2009 年 11 月 3 日。

何传启等：《迎接知识经济时代 建设国家创新体系》，《中国科学院院刊》1998 年第 3 期。

何晓斌等：《新创企业家应做"外交家"吗？——新创企业家的社交活动对企业绩效的影响》，《管理世界》2013 年第 6 期。

何一清、崔连广、张敬伟：《互动导向对创新过程的影响：创新能力的中介作用与资源拼凑的调节作用》，《南开管理评论》2015 年第 4 期。

侯赟慧、岳中刚：《我国物联网产业未来发展路径探析》，《现代管理科学》2010 年第 2 期。

黄群慧：《论中国工业的供给侧结构性改革》，《中国工业经济》2016 年第 9 期。

黄先海、宋学印、诸竹君：《中国产业政策的最优实施空间界定——补贴效应、竞争兼容与过剩破解》，《中国工业经济》2015 年第 4 期。

江飞涛、李晓萍：《改革开放四十年中国产业政策演进与发展——兼论中国产业政策体系的转型》，《管理世界》2018 年第 10 期。

黎文靖、李耀淘：《产业政策激励了公司投资吗？》，《中国工业经济》2014 年第 5 期。

黎文靖、郑曼妮：《实质性创新还是策略性创新？——宏观产业政策对微观企业创新的影响》，《经济研究》2016 年第 4 期。

李大治、王二平：《公共政策制定程序对政策可接受性的影响》，《心理学报》2007 年第 6 期。

李非、祝振铎：《基于动态能力中介作用的创业拼凑及其功效实证》，《管理学报》2014 年第 4 期。

李晓华、吕铁：《战略性新兴产业的特征与政策导向研究》，《宏观经济研究》2010年第9期。

李晓翔、霍国庆：《组织冗余对产品创新的作用机制研究》，《科研管理》2015年第9期。

李晓轩、杨可佳、杨柳春：《基于证据的政策制定：英国的实践与启示》，《中国科学院院刊》2013年第6期。

李新春、梁强、宋丽红：《外部关系—内部能力平衡与新创企业成长——基于创业者行为视角的实证研究》，《中国工业经济》2010年第12期。

李亚荣：《东西方决策理论比较分析》，《现代交际》2010年第7期。

梁强等：《组织印记、生态位与新创企业成长——基于组织生态学视角的质性研究》，《管理世界》2017年第6期。

林嵩、张帏、姜彦富：《创业成长模型评述及构建思路探讨》，《科研管理》2007年第1期。

林晓、谢学勤、郝元涛：《新时期国家卫生服务调查与历次的比较研究》，《中国卫生事业管理》2019年第4期。

刘铮：《知识创新工程运行机制研究》，硕士学位论文，武汉理工大学，2006年。

陆亚东：《中国管理学理论研究的窘境与未来》，《外国经济与管理》2015年第3期。

罗兴武等：《中国转型经济情境下的商业模式创新：主题设计与量表开发》，《外国经济与管理》2018年第1期。

马丽、李慧民、齐晔：《中央—地方互动与"十一五"节能目标责任考核政策的制定过程分析》，《公共管理学报》2012年第1期。

马小亮、樊春良：《基于证据的政策：思想起源、发展和启示》，《科学学研究》2015年第3期。

宁晓玲：《制度与公共政策内涵之比较分析》，《湖北行政学院学报》2002年第6期。

彭华涛：《创业企业成长瓶颈突破——政企互动的中介作用与政

策感知的调节作用》，《科学学研究》2013 年第 7 期。

沙颖、陈圻、郝亚：《关系质量、关系行为与物流外包绩效——基于中国制造企业的实证研究》，《管理评论》2015 年第 3 期。

宋河发、张思重：《自主创新政府采购政策系统构建与发展研究》，《科学学研究》2014 年第 11 期。

宋喜凤、杜荣、艾时钟：《IT 外包中关系质量、知识共享与外包绩效关系研究》，《管理评论》2013 年第 1 期。

苏敬勤、林菁菁、张雁鸣：《创业企业资源行动演化路径及机理——从拼凑到协奏》，《科学学研究》2017 年第 11 期。

孙天阳、杨丹辉：《新兴产业最新研究进展及展望——一个文献综述》，《产业经济评论》2022 年第 1 期。

孙岩、刘红艳：《知识型专家影响空气质量标准政策变迁的中美比较研究》，《科研管理》2019 年第 4 期。

孙早、席建成：《中国式产业政策的实施效果：产业升级还是短期经济增长》，《中国工业经济》2015 年第 7 期。

谭峰：《培育战略性新兴产业的国企实践》，《国资报告》2023 年第 7 期。

田博文：《新兴产业技术标准化过程研究——基于物联网产业的考察》，博士学位论文，华中科技大学，2015 年。

田志龙、高勇强、卫武：《中国企业政治策略与行为研究》，《管理世界》2003 年第 12 期。

田志龙、史俊：《互动导向的新兴产业政策决策过程研究》，《科研管理》2015 年第 5 期。

万劲波：《中国智库的新使命与新责任》，《中国科学报》2014 年 6 月 23 日第 7 版。

王丽平、狄凡莉：《创新开放度、组织学习、制度环境与新创企业绩效》，《科研管理》2017 年第 7 期。

王珊珊、王宏起：《技术创新扩散的影响因素综述》，《情报杂志》2012 年第 6 期。

王绍光：《学习机制与适应能力：中国农村合作医疗体制变迁的

启示》,《中国社会科学》2008 年第 6 期。

王树华、范玮、孙克强:《江苏战略性新兴产业发展研究》,《江苏纺织》2010 年第 6 期。

吴金龙等:《消费升级引领战略性新兴产业全球价值链攀升——理论逻辑与中国经验》,《经济学报》2023 年第 3 期。

习近平:《高举中国特色社会主义伟大旗帜 为全面建设社会主义现代化国家而团结奋斗——在中国共产党第二十次全国代表大会上的报告》(2022 年 10 月 16 日),人民出版社 2022 年版。

夏清华:《新创企业的成长:产业机会、行为资源与创业学习》,《经济管理》2008 年第 3 期。

肖沛、黄培伦、林山:《基于知识管理系统的组织持续竞争优势》,《科技进步与对策》2004 年第 6 期。

谢洪明、刘常勇、陈春辉:《市场导向与组织绩效的关系:组织学习与创新的影响——珠三角地区企业的实证研究》,《管理世界》2006 年第 2 期。

谢雅萍、黄美娇:《社会网络、创业学习与创业能力——基于小微企业创业者的实证研究》,《科学学研究》2014 年第 3 期。

新华社:《〈2009—2010 中国物联网年度发展报告〉在无锡发布》,中国政府网,2010 年 10 月 28 日。

徐可、何桢、王瑞:《供应链关系质量与企业创新价值链——知识螺旋和供应链整合的作用》,《南开管理评论》2015 年第 1 期。

徐占忱、程璐:《全球科技创新竞争态势分析与展望》,载中国国际经济交流中心编著《国际经济分析与展望(2016—2017)》,社会科学文献出版社 2017 年版。

薛澜:《中国科技创新政策 40 年的回顾与反思》,《科学学研究》2018 年第 12 期。

杨宝强:《我国社会智库运行机制的结构审视与逻辑指向》,《湖北社会科学》2016 年第 1 期。

杨震宁、李东红、范黎波:《身陷"盘丝洞":社会网络关系嵌入过度影响了创业过程吗?》,《管理世界》2013 年第 12 期。

余东华、吕逸楠：《政府不当干预与战略性新兴产业产能过剩——以中国光伏产业为例》，《中国工业经济》2015年第10期。

余红剑：《新创企业顾客关系品质与成长绩效关系研究——基于内部能力提升与应用视角的理论分析》，《科学学与科学技术管理》2009年第5期。

曾磊、石忠国、李天柱：《新兴技术不确定性的起源及应对方法》，《电子科技大学学报》2007年第2期。

张诚、林晓：《技术创新扩散中的动态竞争：基于百度和谷歌（中国）的实证研究》，《中国软科学》2009年第12期。

张峰、黄玖立、杜运周：《资源约束下新创企业外部关系向市场职能的转化研究》，《管理学报》2016年第4期。

张建君、张志学：《中国民营企业家的政治战略》，《管理世界》2005年第7期。

张建琦等：《基于多案例研究的拼凑理念、模式双元与替代式创新》，《管理学报》2015年第5期。

张秀娥、徐雪娇：《创业学习对新创企业成长的影响机制研究》，《管理科学》2019年第6期。

张秀娥、周荣鑫、王于佳：《创业团队成员信任对社会网络与企业创新能力关系的影响》，《经济与管理研究》2012年第3期。

张玉利、徐海林：《中小企业成长中的复杂性管理及知识显性化问题研究》，《外国经济与管理》2002年第3期。

赵刚、林源园、程建润：《美国支持以新能源为主导的新兴产业发展》，《创新科技》2010年第2期。

中国发展改革报社：《从业界新变化看战略性新兴产业的2023年》，中华人民共和国国家发展和改革委员会官方网站，2024年1月16日。

中国政府网：《温家宝：应大力发展互联网等新兴战略型产业》，2009年12月27日。

仲伟周、王军：《地方政府行为激励与我国地区能源效率研究》，《管理世界》2010年第6期。

周波等:《世界主要国家未来产业发展部署与启示》,《中国科学院院刊》2021年第11期。

周望:《"政策试验"解析:基本类型、理论框架与研究展望》,《中国特色社会主义研究》2011年第2期。

祝振铎:《创业导向、创业拼凑与新企业绩效:一个调节效应模型的实证研究》,《管理评论》2015年第11期。

祝振铎、李非:《创业拼凑、关系信任与新企业绩效实证研究》,《科研管理》2017年第7期。

Ajay Adhikari, Chek Derashid and Hao Zhang, "Public Policy, Political Connections, and Effective Tax Rates: Longitudinal Evidence from Malaysia", *Journal of Accounting & Public Policy*, 2006, 25 (5): 574-595.

Amy J. Hillman and Michael A. Hitt, "Corporate Political Strategy Formulation: A Model of Approach, Participation and Strategy Decisions", *Academy of Management Review*, 1999, 24 (4): 825-842.

Andrew Arbuthnott, Jessica Eriksson and Joakim Wincent, "When a New Industry Meets Traditional and Declining Ones: An Integrative Approach towards Dialectics and Social Movement Theory in a Model of Regional Industry Emergence Processes", *Scandinavian Journal of Management*, 2010, 26 (3): 290-308.

Anna Bergek and Staffan Jacobsson, "The Emergence of a Growth Industry: A Comparative Analysis of the German, Dutch and Swedish Wind Turbine Industries", *Change, Transformation and Development*, 2003, 197-227.

April M. Franco, M. B. Sarkar, Rajshree Agarwal and Raj Echambadi, "Swift and Smart: The Moderating Effects of Technological Capabilities on the Market Pioneering-Firm Survival Relationship", *Management Science*, 2009, 55 (11): 1842-1860.

Åsa Knaggård, "What do Policy-Makers do with Scientific Uncertainty? The Incremental Character of Swedish Climate Change Policy-Making", *Policy Studies*, 2014, 35 (1): 22-39.

Bat Batjargal, Michael A. Hitt, Anne S. Tsui, Jean-Luc Arregle, Justin W. Webb and Toyah L. Miller, "Institutional Polycentrism, Entrepreneurs' Social Networks, and New Venture Growth", *Academy of Management Journal*, 2012, 56 (4): 1024-1049.

Brian Shaffer and Amy J. Hillman, "The Development of Business-Government Strategies by Diversified Firms", *Strategic Management Journal*, 2000, 21 (2): 175-190.

Brian W. Head, "Reconsidering Evidence-Based Policy: Key Issues and Challenges", *Policy and Society*, 2010, 29 (2): 77-94.

Bronwyn H. Hall, Albert N. Link and John T. Scott, "Barriers Inhibiting Industry from Partnering with Universities: Evidence from the Advanced Technology Program", *The Journal of Technology Transfer*, 2001, 26: 87-98.

Chris Freeman and Luc Soete, *The Economics of Industrial Innovation*, 1*st Edition*, London: MIT Press Books, 1997.

Christina Öberg and Christina Grundstrom, "Challenges and Opportunities in Innovative Firms' Network Development", *International Journal of Innovation Management*, 2009, 13 (4): 593-613.

Chutatong Charumilind, Raja Kali and Yupana Wiwattanakantang, "Connected Lending: Thailand before the Financial Crisis", *Journal of Business*, 2006 (79): 181-217.

Daniel Erian Armanios, Charles E. Eesley, Jizhen Li and Kathleen M. Eisenhardt, "How Entrepreneurs Leverage Institutional Intermediaries in Emerging Economies to Acquire Public Resources", *Strategic Management Journal*, 2017, 38 (7): 1373-1390.

Daniel P. Forbes and David A. Kirsch, "The Study of Emerging Industries: Recognizing and Responding to Some Central Problems", *Journal of Business Venturing*, 2011, 26 (5): 589-602.

Dan Prud'homme, "Dynamics of China's Provincial-Level Specialization in Strategic Emerging Industries", *Research Policy*, 2016, 45 (8):

1586-1603.

David Stark, "Recombinant Property in East European Capitalism", *American Journal of Sociology*, 1996, 101 (4): 993-1027.

Diane M. Sullivan and Cameron M. Ford, "How Entrepreneurs Use Networks to Address Changing Resource Requirements during Early Venture Development", *Entrepreneurship Theory and Practice*, 2014, 38 (3): 12009.

Fernando F. Suarez, "Battles for Technological Dominance: An Integrative Framework", *Research Policy*, 2004, 33 (2): 271-286.

Franz Tödtling and Alexander Kaufmann, "Innovation Systems in Regions of Europe—A Comparative Perspective", *European Planning Studies*, 1999, 7 (6): 699-717.

Geoffrey Desa and Sandip Basu, "Optimization or Bricolage? Overcoming Resource Constraints in Global Social Entrepreneurship", *Strategic Entrepreneurship Journal*, 2013, 7 (1): 26-49.

George Basalla, *The Evolution of Technology*, Cambridge: Cambridge University Press, 1988.

Haiyang Li and Kwaku Atuahene-Gima, "Product Innovation Strategy and Performance of New Technology Ventures in China", *Academy of Management Journal*, 2001, 44 (6): 1123-1134.

Howard E. Aldrich and C. Marlene Fiol, "Fools Rush In? The Institutional Context of Industry Creation", *The Academy of Management Review*, 1994, 19 (4): 645-670.

Ineke S. M. Meijer, Marko P. Hekkert and Joop F. Koppenjan, "The Influence of Perceived Uncertainty on Entrepreneurial Action in Emerging Renewable Energy Technology: Biomass Gasification Projects in the Netherlands", *Energy Policy*, 2007, 35 (11): 5836-5854.

Irma Tikkanen, "Innovations, Exports and Finnish Electrical Industry Life Cycle 1960-2005", *Journal of Euromaketing*, 2008, 17 (3/4): 183-197.

Jennifer W. Spencer, Thomas P. Murtha and Stefanie Ann Lenway, "How Governments Matter to New Industry Creation", *The Academy of Management Review*, 2005, 30 (2): 321-337.

John W. Meyer and Brian Rowan, "Institutionalized Organizations: Formal Structure as Myth and Ceremony", *American Journal of Sociology*, 1977, 83 (2): 340-363.

Joop Koppenjan and Erik-Hans Klijn, *Managing Uncertainties in Network*, London: Routledge, 2004.

Julie Battilana, Bernard Leca and Eva Boxenbaum, "How Actors Change Institutions: Towards a Theory of Institutional Entrepreneurship", *Academy of Management Annals*, 2009, 3 (1): 65-107.

Julie M. Hite and William S. Hesterly, "The Evolution of Firm Networks: From Emergence to Early Growth of the Firm", *Strategic Management Journal*, 2001, 22 (3): 275-286.

Julie M. Hite, "Evolutionary Processes and Paths of Relationally Embedded Network Ties in Emerging Entrepreneurial Firms", *Entrepreneurship Theory and Practice*, 2005, 29 (1): 113-144.

Julienne Senyard, Ted Baker, Paul Steffens and Per Davidsson, "Bricolage as a Path to Innovativeness for Resource-Constrained New Firms", *Journal of Product Innovation Management*, 2014, 31 (2): 211-230.

Jung-Jung Chang, Kuang-Peng Hung and Ming-Ji James Lin, "Knowledge Creation and New Product Performance: The Role of Creativity", *R&D Management*, 2014, 44 (2): 107-123.

Kathleen A. Getz, "Selecting Corporate Political Tactics", *Academy of Management Proceedings*, 1991 (1): 326-330.

Kathleen M. Eisenhardt, "Building Theories from Case Study Research", *Academy of Management Review*, 1989, 14 (4): 532-550.

Li Cai, Sergey Anokhin, Miaomiao Yin and Donald E. Hatfield, "Environment, Resource Integration, and New Ventures' Competitive

Advantage in China", *Management and Organization Review*, 2016, 12 (2): 333-356.

Linda Courtenay Botterill and Andrew Hindmoor, "Turtles All the Way Down: Bounded Rationality in an Evidence-Based Age", *Policy Studies*, 2012, 33 (5): 367-379.

Luis Filipe Lages, Graça Silva and Chris Styles, "Relationship Capabilities, Quality, and Innovation as Determinants of Export Performance", *Journal of International Marketing*, 2009, 17 (4): 47-70.

Maria Laura Di Domenico, Helen Haugh and Paul Tracey, "Social Bricolage: Theorizing Social Value Creation in Social Enterprises", *Entrepreneurship Theory and Practice*, 2010, 34 (4): 681-703.

Michael D. Cohen and Robert Axelrod, *Harnessing Complexity: Organizational Implications of a Scientific Frontier*, New York: The Free Press, 2000.

Michael V. Russo, "The Emergence of Sustainable Industries: Building on Natural Capital", *Strategic Management Journal*, 2003, 24 (4): 317-331.

Minna Halme, Sara Lindeman and Paula Linna, "Innovaion for Inclusive Business: Intrapreneurial Bricolage in Multinational Corporations", *Journal of Management Studies*, 2012, 49 (4): 743-784.

Neil Fligstein and Iona Mara-Drita, "How to Make a Market: Reflections on the Attempt to Create a Single Market in the European Union", *American Journal of Sociology*, 1996, 102 (1): 1-33.

Neil Fligstein, "Social Skill and Institutional Theory", *American Behavioral Scientist*, 1997, 40 (4): 397-405.

Pamela S. Tolbert and Lynne G. Zucker, "The Institutionalization of Institutional Theory", *Handbook of Organization Studies*, London: Sage, 1996.

Paul DiMaggio and Walter W. Powell, "The Iron Cage Revisited: Institutional Isomorphism and Collective Rationality in Organizational Fields",

American Sociological Review, 1983, 48 (2): 147-160.

Paul DiMaggio, "Interest and Agency in Institutional Theory", in *Institutional Patterns and Organizations*, Cambridge, MA: Cambridge University Press, 1988.

Pekka Stenholm and Maija Renko, "Passionate Bricocurs and New Venture Survival", *Journal of Business Venturing*, 2016, 31 (5): 595-611.

Perter Ring, Gregory Bigley, Thomas D'Aunno and Tarun Khanna, "Perspectives on How Governments Matter", *Academy of Management Review*, 2005, 30 (2): 308-320.

Pete Naudé and Francis Buttle, "Assessing Relationship Quality", *Industrial Marketing Management*, 2000, 29 (4): 351-361.

Peter Stigson, Erik Dotzauer and Jinyue Yan, "Improving Policy Making through Government Industry Policy Learning: The Case of a Novel Swedish Policy Framework", *Applied Energy*, 2009, 66 (4): 399-406.

Richard L. Priem, Leonard G. Love and Margaret A. Shaffer, "Executives Perceptions of Uncertainty Sources: A Numerical Taxonomy and Underlying Dimensions", *Journal of Management*, 2002, 28 (6): 725-746.

Richard W. Scott, *Institutions and Organizations*, Califonia: Sage, 2001.

Robert Gregory, "Political Rationality or 'Incrementalism'? Charles E. Lindblom's Enduring Contribution to Public Policy Making Theory", *Policy & Politics*, 1989, 17 (2): 139-153.

Robert K. Yin, *Case Study Research: Design and Methods*, Califonia: Sage, 2002.

Robert Phaal, Eoin O'Sullivan, Michele Routley, Simon Ford and David Probert, "A Framework for Mapping Industrial Emergence", *Technological Forecasting and Social Change*, 2011, 78 (2): 217-230.

Rodolphe Durand and Jean McGuire, "Legitimating Agencies in the

Face of Selection: The Case of AACSB", *Organization Studies*, 2005, 26 (2): 165-196.

Roy Rothwell and Walter Zegveld, *Industrial Innovation and Public Policy: Preparing for the 1980s and 1990s*, Westport, Conn.: Greenwood Press, 1981.

Royston Greenwood and Roy Suddaby, "Institutional Entrepreneurship in Mature Fields: The Big Five Accounting Firms", *Academy of Management Journal*, 2006, 49 (1): 27-48.

Royston Greenwood, Roy Suddaby and C. R. Hinings, "Theorizing Change: The Role of Professional Associations in the Transformation of Institutionalized Fields", *Academy of Management Journal*, 2002, 45 (1): 58-80.

Shih-Chang Hung and Yee-Yeen Chu, "Stimulation New Industries from Emerging Technologies: Challenges for the Public Sector", *Technovation*, 2006, 26 (1): 104-110.

Steve Maguire and Cynthia Hardy, "Discourse and Deinstitutionalization: The Decline of DDT", *Academy of Management Journal*, 2009, 52 (1): 148-178.

Steve Maguire, Cynthia Hardy and Thomas B. Lawrence, "Institutional Entrepreneurship in Emerging Fields: HIV/AIDS Treatment Advocacy in Canada", *Academy of Management Journal*, 2004, 47 (5): 657-679.

Steven Klepper, "Entry, Exit, Growth, and Innovation Over the Product Life Cycle", *American Economic Review*, 1996, 86 (3): 562-583.

Ted Baker and Reed E. Nelson, "Creating Something from Nothing: Resource Construction through Entrepreneurial Bricolage", *Administrative Science Quarterly*, 2005, 50 (3): 329-366.

Terry Lee Anderson and Peter Jensen Hill, *The Not So Wild, Wild West: Property Rights onthe Frontier*, Redwood City: Stanford University Press, 2004.

Thomas B. Lawrence, "Institutional Strategy", *Journal of Management*, 1999, 25 (2): 161-187.

Thomas P. Murtha and Stefanie Ann Lenway, "Country Capabilities and the Strategic State: How National Political Institutions Affect Multinational Corporations' Strategies", *Strategic Management Journal*, 1994, 15 (S2): 113-129.

Vernon Ruttan, *Technology, Growth, and Development: An Induced Innovation Perspective*, Oxford: Oxford University Press Inc., 2000.

William J. Abernathy and Kim B. Clark, "Innovation: Mapping the Winds of Creative Destruction", *Research Policy*, 1985, 14: 3-22.

Xianwei Shi, Xingkun Liang and Yining Luo, "Unpacking the Intellectual Structure of Ecosystem Research in Innovation Studies", *Research Policy*, 2023, 52 (6), 104783.

Youngok Kim and Steven S. Lui, "The Impacts of External Network and Business Group on Innovation: Do the Types of Innovation Matter", *Journal of Business Research*, 2015, 68 (9): 1964-1973.

Y. K. Chang, J. D. Labban, J. I. Gapin and J. L. Etnier, "The Effects of Acute Exercise on Cognitive Performance: A Meta-Analysis", *Brain Research*, 2012, 1453 (9): 87-101.

Zaoquan Jian and Chen Wang, "The Impacts of Network Competence, Knowledge Sharing on Service Innovation Performance: Moderating Role of Relationship Quality", *Journal of Industrial Engineering and Management*, 2013, 6 (1): 25-49.

Zhilong Tian, Taïeb Hafsi and Wei Wu, "Institutional Determinism and Political Strategies: An Empirical Investigation", *Business and Society*, 2009, 48 (3): 284-325.